기막힌 순간

기막힌 순간

초판 1쇄 발행 2025년 9월 18일

지은이 남정언
펴낸이 장길수
펴낸곳 지식과감성⁕
출판등록 제2012-000081호

교정 주경민
디자인 김희영
편집 김희영
검수 이주연, 정윤솔
마케팅 김윤길

주소 서울시 금천구 벚꽃로298 대륭포스트타워6차 1212호
전화 070-4651-3730~4
팩스 070-4325-7006
이메일 ksbookup@naver.com
홈페이지 www.knsbookup.com

ISBN 979-11-392-2809-0(03810)
값 15,000원

- 이 책의 판권은 지은이에게 있습니다.
- 이 책 내용의 전부 또는 일부를 재사용하려면 반드시 지은이의 서면 동의를 받아야 합니다.
- 잘못된 책은 구입하신 곳에서 바꾸어 드립니다.

⁕ 이 책은 2025년 부산광역시 부산광역시, 부산문화재단 부산문화재단 지역문화예술 특성화 지원사업으로 지원을 받았습니다.

지식과감성⁕
홈페이지 바로가기

기막힌 순간

남정언 수필집

지식과감성

책머리에

열돔에 갇혀 뜨거웠던 여름
나 혼자 마음이 바빴다.

세 번째 수필집 『기막힌 순간』엔
자기 이해와 치유를 원하며
스스로 성장한 흔적을 찾아
문학의 사다리로 올라가는 황홀한 순간이 들어있다.

아무튼, 가을이다.
붉은 단풍의 열정을 오래 기억하면서
가족과 글벗에게 사랑하는 마음을 전한다.

2025년 가을
금련산 엄지마을에서

남정언

차 례

제1부 무자서

화지사 가는 길	14
사부작사부작	19
무자서無字書	24
그 남자	29
보이스 피싱	35
백자인栢子仁	40
통신언어로 핀 봄꽃	45
이안눌 시비를 찾아서	52

제2부 기막힌 순간

요트에 사랑을 싣고   64

숲, 섬을 열다   69

기막힌 순간   74

살아남은 사람 모두 곡을 하다   79

막차   84

문학치료로 만난 김순경의 『검은 꽃』   89

나무 실패   98

역사가 퀴즈를 만났을 때   104

제3부 진묘수

구두에 대한 예의　　　　　114
온천천에 반하다　　　　　118
진묘수　　　　　　　　　　126
시대를 엮는 사전　　　　　132
오빠의 강江　　　　　　　　137
희곡으로 인생을 논하다　　143
선善을 말하다　　　　　　　149
문학을 사랑한 남자　　　　156

제4부 어게인 보이스 피싱

빵천동에서	168
마린버스	173
어게인 보이스 피싱	176
꽃비 내리는 산책로	181
밀수카페에서 만난 바다도서관	183
네 얘기를 들려줘	186
머리카락 이야기	190
사랑의 자기장	193

작품 해설

'집중하기, 찌르기, 솎아내기' 198
– 남정언의 「기막힌 순간」
　　　　　권대근(부산교대 문예창작 지도교수, 문학평론가)

역사, 문학으로 다시 만나다 201
– 남정언의 「살아남은 사람 모두 곡을 하다」
　　　　　　　　　　　　　진연후(수필가)

창작과 이해의 키워드 204
– 남정언의 「화지사 가는 길」
　　　　　유한근(디지털서울문화예술대학교 교수, 문학평론가)

챗GPT가 이달의 평을 쏜다면 209
– 남정언의 「진묘수」
　　　　　　　　　　　　　박영란(수필가)

제1부

무자서

화지사 가는 길
사부작사부작
무자서無字書
그 남자
보이스 피싱
백자인栢子仁
통신언어로 핀 봄꽃
이안눌 시비를 찾아서

화지사 가는 길

 태풍이 몰고 온 비는 비정하다. 카눈은 제주도를 엉망으로 만들고 매우, 천천히, 우리나라를 관통하며 북상 중이다. 강력한 비바람에 대비하라는 뉴스 속보가 끊이지 않는다. 도심에는 천변 산책을 삼가고, 강변과 지하차도에 차량 진입을 통제한다는 안전 문자가 수십 통 쌓인다. 재난을 당하지 않도록 귀가를 재촉하는 태풍의 위세는 대단하다. 전국을 폭풍으로 휩쓸면서 강력한 피해 기록을 남기고 있다.
 사십 년 전 여름에도 태풍이 왔고 폭우가 쏟아졌다. 나는 어머니와 새벽기도를 나섰다가 물이 불어난 화지사 계곡을 건너지 못했다. 어쩔 수 없이 집으로 되돌아가는데 산길에서 미끄러졌다. 웅장한 물소리에 거부할 수 없는 힘에 눌린 패배의 하루로 남은 기억이다. 스무 살 꽃다운 청춘이었던 나는 누군가의 슬픈 영혼이 내 몸에 들어와 울다 지친 듯 나만의 아픔을 새기며 견디고 있었다.

오래 몸이 아팠다. 대학병원에서 수술했지만, 병이 재발하여 한의원 치료를 겸하고 있었다. 어디에서 알아 온 정보인지 모른다. 민간요법에 의존하면서 심지어 굿까지 했는데도 몸은 좋아질 기미는 보이지 않았다. 막내딸이 아프니 집 안 분위기가 우울의 끝을 달릴 즈음 어머니는 집을 팔았다. 빚을 갚고 남은 돈으로 무화과나무가 있는 마당 넓은 집으로 이사를 했다.

이사 온 지 일주일이 채 되지 않았다. 어머니가 집 근처 오래된 절이 있는데 좋은 기운을 가진 곳이라 정성 들여 기도하면 한 가지 소원을 이룬다는 귀한 정보를 얻어오셨다. 바깥세상은 아시안게임과 올림픽 유치 성공으로 경제 성장과 더불어 새로운 변화에 편승하라 부추기는 시기였는데, 어머니는 오롯이 자식 지키는 일에만 몰두하셨다.

새벽기도를 다녔다. 어머니와 함께 어둑한 새벽에 집을 나선다. 도로에는 어쩌다 지나가는 한두 대 자동차뿐이었다. 인적 없는 길을 십여 분 걷다가 절 입구에 들어서는데 해 뜨기 전 그림자로 보이는 뒤엉킨 잡목 숲이 무서웠다. 좁은 산길을 걸을 때 일찍 일어난 새들의 소란한 소리를 들으면 일부러 내가 새의 단잠을 깨운 것 같아 미안한 마음이 들기도 했다.

　내 인생은 한 치 앞을 볼 수 없었다. 세상살이에 질려 보이지 않는 운명의 힘에 끌려다니면서 건강 회복을 위한 희망은 가질 수 없었다. 몸 상태는 심란하여 눈물보다 한숨이 먼저 나와 두 입술을 깨물었다. 무조건 기도를 올리겠다는 간절한 마음이었다.

　대웅전 가는 길은 외길이다. 어머니를 따라 걸었다. 구구구 우는 산비둘기 소리가 무섭고, 바람에 나부끼는 댓잎 소리에 깜짝 놀라 순간 얼음이 되었던 내가 믿을 사람은 오직 어머니였다.

　깨끗한 무화과 몇 알을 불전에 올리고 절하는 법을 배운 날, 부처님 전에 엎드려 원망을 늘어놓으며 소리 없이 울었다. 어머니께 왜 나를 낳았냐고 따져 물었던 불효가 극에 달했던 과거를 용서해 달라고 참회했다. 그러다가 천일기도를 올리겠다는 결심을 하게 되었을 때 나는 온전히 건강해지고 싶었다. 매일 부처님 앞에서 도와달라고 살려달라고 떼를 썼다.

　어느 겨울이었지 싶다. 찬 바람이 숭숭 들어오는 법당에 앉아 어머니와 나는 초와 향이 타는 고요한 시간을 함께 나누며 기도의 힘을 믿기로 했다. 봄·여름·가을·겨울이 두 번 지나고 기약 없이 다가오는 봄을 맞으며 게으름이 발동하기도 했다. 그러나 아무리 힘들어도 새벽기도를 그만두겠다는 말만은 어머니께 드릴 수가 없었다.

훌쩍 사십 년이 지났다. 화지사를 찾아간다. 생각해 보니 화지사에 다시 갈 수 있는 이유는 두 사람의 기도가 통했던 것이리라.

화지공원이라 적힌 안내석이 우람하다. 동래 정씨 문중에서 부산 시민을 위해 선산 전체를 개방하여 화지 공원이라 명명하였다. 화지사는 부산 양정동 469번지 화지 공원 안에 있는 고려 시대 창건된 유서 깊은 사찰로 영호암, 만세암, 정묘사로 불린다. 그동안 숲을 반듯하게 잘 관리해서 도심공원이 되었고 아이들에게 현장학습장이면서 동시에 마을 주민들에게 쉼터로 자리 잡았다.

정문을 통과하니 시야가 확 트인다. 환하게 넓은 자갈밭이다. 잡목은 아름드리 숲으로 변신하여 정갈한 나무 사이로 잔디밭이 보이고 초록의 생기가 넘쳐난다. 과거 새벽기도를 다니면서도 보지 못했던 배롱나무가 눈에 띄었다. 팔백년 동안 문중 선산을 지켰다는 배롱나무는 무덤을 지키는 호위무사 같았다. 백일 동안 붉게 핀다는 목백일홍을 왜 나는 이제야 보게 되었을까? 그때 보지 못했던 나무를 찬찬히 살펴보았다. 내가 생각하는 배롱나무는 세상 풍파를 겪고 껍데기는 모두 버린 속살만 남은 나무였다. 자식의 목숨을 지키려 애간장이 타는 어머니같이 겉치장할 여유조차 없는 나무였다. 가식 없는 맨살로 자식의 고난을 막아내려 기도를 올린 어머니의 소원이 꽃을 피운 모습이었다. 배롱나무는 땅 밑 깊이 뿌리를 내리고 단단한 마음으로 조상을 기리고 자손들의 부귀영화를 기원하는 뜻을 가진 나무였다. 다만, 어머니와 나는 삼년 동안 무덤 쪽 길을 모르고 좁은 외길로 다녔기 때문에 미처 보지 못한 나무였다.

  홀로 걷다 멈칫 개미가 오르내리는 돌 담벼락을 바라본다. 한갓 작은 미물이라 여겼던 개미도 바쁘다. 나는 어머니가 이어준 사랑의 끈을 놓지 않은 덕분에 살아왔으니 그 얼마나 고마운 일인가. 이제야 선명하게 보이는 어머니의 진심을 알게 되었으니. 어머니에게서 독립한 개체이므로 열정을 가지고 조금 더 바쁘게 살아가야 하겠다.

  녹음 짙은 산길을 여유 부리며 걷는다. 대나무 편백 소나무가 울창한 숲에 정적을 깨트리는 소리. 드문드문 까마귀와 까치, 휘파람새, 계곡의 물소리는 생명이 살아있다고 알리는 따뜻한 노랫소리다. 숲 사이 들어온 직선 빛과 편백의 은은한 그늘이 만들어낸 순수한 공간을 지나 수련 연못 앞에 선다. 초파일 연꽃등이 굳건하게 달려있는 소담한 화지사가 보인다.

  산신각에서 기도하시는 어머니가 나를 반긴다.

사부작사부작

아내가 카페에 앉아있다. 학과 동기와 머리를 맞대고 휴대전화에 눈을 고정한 채 어학사전을 찬찬히 훑는다. 중요한 무엇을 찾는 중이다. 아무래도 문학적인 이름이 좋겠지. 백석 시詩에 나오는 갈매나무가 좋은데. 점잖은 드레. 반짝반짝 빛나는 윤슬은 어때. 알차고 잘 자란 소나무 찬솔도 있네. 아름다운 우리 사이를 예그리나라고 한다네. 고르고 골라 예비 후보로 몇 개의 단어를 저장한다. 유독 예그리나에 관심이 높았는데 알고 보니 짝퉁 우리말이다. 학습동아리에 어울리는 산뜻한 말은 없을까. 생각지도 못한 것이 생각지도 못한 형태로 때를 초월할 만한 단어가 없을까.

"있다! 사부작사부작."

아내는 "별로 힘들이지 않고 계속 가볍게 행동하는 모양"의 부사라고 설명한다. 아내는 이름을 정하기 위해 거듭 생각하고 고민한다. 궁극적으로 섬세하게 움직이다 보면 뭔가 좋은 일이 생길지도 모른다. 공모전에 낼 이름도 아닌데 사소한 일에 열정을 곁들인 해석은 아름답기까지 하다.

"사부작사부작 책 읽고 공부하다가 사부작 졸업하길 바라는 마음이야."

바로 그때, 아내의 동기 1이 전화를 받는다. 남편이 몸살 기운에 홀로 병원 가서 링거를 맞고 집으로 가는 중이란다. 남자는 몸이 피곤한데 외출한 아내에게 언제 오는지 궁금하다고 닦달한다. 어이구, 못살아. 동기 1은 하필 내 모임 날에 아픈지 모르겠다며 투정을 부리지만 집에 가지 않았다.

마주 앉은 동기 2가 속마음을 털어놓는다. 사실 자기 남편도 지금 병원에서 링거 맞고 있단다. 모두 눈빛이 왜 왜 왜? 하고 묻는다. 남편이 퇴직하고 나서 잡다한 일로 바빴는데 역병에 외출이 줄었다. 이 시기를 이용해 안검하수 성형을 했고 수술은 성공이었다. 다만 남편이 모범환자라 실밥 뽑을 때까지 냉찜질하라는 의사 처방을 완벽하게 실천하다가 그만 지독한 코감기와 몸살이 겹쳤다. 그래도 냉찜질을 그만두지 않았던 남자에게

질린단다. 동기 2는 사랑과 용서의 비율은 10 대 90이라며 남자가 건강해질 때까지 참는다.

아직 도착하지 못한 동기 3의 연락이 왔다. 오늘 참석하지 못하는 이유도 남편 때문이다. 남편이 새벽에 술 마시고 귀가했는데 언제 어디서 부딪혔는지 모르지만 이마가 찢어졌단다. 어젯밤 일찍 잠이 들어 몰랐는데 아침에 일어나니 얼굴 상태가 심각하더란다. 급히 외과 응급으로 상처를 꿰맨 의사가 성형외과 재수술을 권유하여 다시 병원을 찾는 중이다. 남자는 술이 깨자 디근 모양으로 찢어진 상처가 아프다며 엄살을 부려서 얄밉지만 간호해야 할 아내이기에 슬픈 웃음이 나온단다.

아내는 순간 놀란다. 공교롭게 세 남자의 이야기를 듣고 '동아리 이름을 잘못 지었나?' 하는 생각이 떠오른다. 남편들은 혼자 견디지 못하는 사람일까. 사부작거리는 남편에게 바랐던 어른스러움은 본래부터 없었던 것일까. 한숨이 날숨으로 새어 나온다. 남편 모두 자유로운 영혼을 가진 남자는 아닐 터, 아내를 걱정하게 만드는 습관성 관심 결핍증을 버리지 못하고 있으니 바야흐로 시대에 따라 남자도 성숙해져야 할 때다.

그러고 보니 아내는 감정이입의 귀재다. 남편이 은퇴하고 집에 돌아와 냉정하게 쉬고 있을 때 아내는 바깥세상으로 통하는 문을 진중하게 열어두었다. 「옷소매 붉은 끝동」의 '성가 덕임'을 유심히 지켜보던 아내가 마냥 드라마를 즐기며 정조의 사랑 이야기만 본 게 아니다. 아내는 왕비와 후궁을 부러워하지 않는다. 궁녀의 당당한 직업관을 인정하고 덕임의 사랑과 자유를 지지한다. 아내는 학업이라는 에움길에서 헤매면서 나이, 배경, 성적 불문율을 지키며 동기와 더불어 자기 계발을 하고 싶다. 가정과 나라 경제는 물론이고 스스로 담숙하기 위해 행동반경을 넓혀가고 있다.

세 남자는 아내의 간절한 마음을 알기나 할까. 아내의 사부작거림에도 남편의 조용한 외조가 필요하다고. 근사한 곳으로 데려다주는 자가용 전용 기사가 필요한 게 아니라 진보하는 아내의 성장을 위해 자동차 열쇠를 넘겨줄 시기가 찾아왔다고. 아내에게 칭얼대는 남편보다 아내를 응원해 줄 내 편이 필요하다고 줄곧 말했는데….

오래전 박물관에서 보았던 무덤 속이 떠오른다. 남편의 입장이 바로 무덤 속 순서, 마지막에 사랑한 아내가 우선이 아니었을까. 열린 무덤을 통해 뜻밖의 어긋난 순서를 짐작해 본다. 언제부터인가 반짝이던 안방에 굳건한 장롱이 시들해지고 다정했던 자리가 식어 가면 사랑하던 사람의 순서도 뒤바뀌게 마련이다. 본처보다 먼저 발견된 후처 미라는 생전에 차지한 자리였던 가 아니면 맨 끝까지 살아남은 사람의 마지막 모습인지도 모른 다. 지고지순한 아내의 입장은 무덤 속에서 발견되는 사랑의 순 서에 몸서리칠 수도 있는 일이다.

아내가 카페를 나선다. 봄바람이 푼푼한 거리를 동기들과 도 란도란 걷는다. 세상의 절반은 남자와 여자. 한쪽으로 기울어진 시소의 균형은 어울리지 않는 불편이다. 행복은 손에 잡고 있는 동안에는 작게 보이는 법. 세상의 아내는 사부작사부작 반란을 도모하는 착한 마녀가 아닐까.

무자서 無字書

　나는 그림책을 좋아한다. 주변 사람들이 그 나이에 유치하게 그런 책을 보느냐고 하지만 아랑곳하지 않는다. 아이들이 어렸을 때 서점에서 그림책을 집으면 겉으로 태연한 척하지만, 심중으로는 내가 더 좋아하지 않았던가. 지금도 새로운 그림책이 나오면 얼른 인터넷 도서 장바구니에 담아두었다가 다른 책들과 함께 구매한다.
　그림책은 글자가 적어 좋다. 그림책을 그린 작가의 의도와 다르게 맘대로 해석할 수 있어서 육아에 도움이 되었다. 아이가 옷 투정을 부리면 어느 그림책에 네가 입은 옷과 똑같은 색깔 옷이 있다거나, 골고루 음식을 먹지 않을 때면 키가 자라지 않는다는 그림 이야기를 읽어주었다. 어느 수필가는 아기를 보는 것은 글자 없는 책을 읽는 것과 같다고 말하는데 크게 머리를 끄덕인다.

특히 나는 앤서니 브라운의 그림책을 좋아한다. 책의 내용과 그림을 본 사람이라면 누구나 좋아할 만한 작가다. 그의 책 중에 『돼지책』을 애독하고 있다. 주인공 가족은 아주 중요한 회사에 다니는 피곳 씨와 아주 중요한 학교에 다니는 아들 둘이 있는데 이들은 집에서 아무것도, 정말 아무것도 하지 않는다. 집안일은 모두 엄마 몫일 뿐이다.

회사 일과 집안일을 하느라 힘든 엄마가 어느 날 "너희들은 돼지야!"라는 쪽지를 남기고 집을 나간다. 집에 돌아오면 돌봐줄 사람이 없는 세 남자는 먹기만 하고 치우지 않는다. 책을 한 장 한 장 넘길 때마다 물건과 벽지에 돼지 문양이 늘어가다가 결국 온 집 안 물건이 돼지로 변해간다. 세 남자도 진짜 돼지로 바뀐다. 얼마 후 엄마가 집으로 돌아오고 가족들은 집안일을 분담한다. 엄마는 잃어버렸던 여유를, 가족들은 유대감을 갖게 된다는 마지막 이야기보다 돼지로 변해가는 과정을 그림 속에서 하나씩 찾아내는 맛을 느끼게 해주는 책이다.

나는 본대로 배운 대로 실천을 해본다. 가족들에게 은근히 이 책을 읽도록 요구했더니 집 안 분위기가 말없이 바뀌기 시작했다. 아들은 마스크를 끼고 음식물과 재활용품 분리수거를, 딸은 설거지와 청소를, 남편은 TV 리모컨 돌리는 시간을 줄이고 집 안에 손볼 것을 찾아내었다. 가족의 솔선수범은 기대 이상의 효과를 거두었다. 그림책 한 권이 큰 변화를 가져올 수 있다는 사실에 놀랐다.

아들이 사춘기였을 때였다. 얼굴에 여드름 꽃을 활짝 피웠다. 무엇이 제 마음에 들지 않는지 이유 없이 삐졌다. 누구와 말하기가 싫은지 방문을 잠갔는데 어디로 튈지 모르는 시기라 마음마저 닫아 버릴 것 같았다. 내 가슴이 먼저 '쿵' 하고 내려앉았다. 아들과 함께할 수 있는 것이 없을까 고민했다. 책 읽기를 좋아하는 아이니 함께 책을 읽으면 공감대가 생기지 않을까 하는 생각이 번쩍 들었다.

몇 달 동안 공을 들였다. 나는 "일주일에 한 번, 친구들과 함께 책을 읽자."라며 제안했고 아들은 마지못해 수락했다. 먼저 아들 친구들과 책을 정해서 읽고, 주인공과 자신을 비교하면서 현실과 견주어 보았다. 또 독후 활동으로 감상문을 쓰는 훈련을 계속했다. 물론 우리나라 그림책 중에서 『백두산 이야기』나 『강아지똥』, 『노란 우산』 등을 밑바탕으로 깔고 『시리동동 거미동동』, 『고릴라』와 『종이 봉지 공주』, 『생각을 모으는 사람』 같은 책을 목록에 넣었다. 어색해하던 아이들은 용기를 내어 자기 생각을 말해 주었다. 그림책에서 느끼는 여유와 글 내용에 담긴 평등을 이해하며 사춘기 특유의 말투와 행동이 편안해지기 시작했다. 독후감을 쓰면서 문맥이 맞지 않아 고민하더니 나중에는 즐기는 여유까지 보여주었다.

이러한 과정에서 아이들은 어른 못지않게 성적이나 부모의 기대치, 친구 관계, 취미나 용돈 문제로 고민하는 것을 알았다. 하지만 부모와 대화를 단절한 채 자기가 원하는 소정의 목적이 있을 때만 말을 한다는 안타까운 아이도 있었다.

알고 보면 아이들은 힘들다. 일 년에 4번 치르는 내신 시험 결과를 보면서 그들 나름대로 고민이 많다. 몇 등 안에 들면 무엇을 사 주겠다는 조건을 내거는 부모보다 수고했다며 다음에 더 잘할 수 있다고 격려하는 부모가 분명 더 많을 터이다. 가정의 화목은 어느 한 사람의 희생으로 이루어지지 않고 부모의 강요로도 만들어지지 않는다. 가화만사성家和萬事成이라는 말은 쉽지만, 실천하기는 어렵다. 가족 간의 노력과 관심, 상생하려는 배려가 있어야 가능하다.

자연을 보듯 여백이 가득한 그림책을 읽으며 아이의 얼굴에서 무자서無字書를 느낀다. 굳이 독서 대상 나이를 구분할 필요는 없다고 생각한다. 어려운 인문 사회 철학책을 읽는 것이 바람직하고 두꺼운 책을 읽는 모습도 솔직히 모양새가 난다. 그러나 아이가 자라 학교를 졸업하고 어른이 되고 다시 할머니 할아버지가 되어도 그림책은 변함이 없다. 무엇을 하려는데 나이와 체면이 중요하지 않다고 본다.

　나이가 지천명이면 어떤가. 또 칠순, 구순이면 어떠한가. 가장 순수한 아이였을 때 말도 글도 모를 적 유일한 지지자인 부모와 함께 마음을 나누던 책을 어찌 사랑하지 않을 수 있겠는가. 사람으로 배워야 할 가장 기본적인 교육은 이미 어린 시절에 이루어진다. 아이를 키우는 것이 육아育兒이듯 그림책이 나에겐 육아育我가 되었다.

　나는 지금도 『내 이름은 자가주』라는 그림책을 진지하게 읽는다.

그 남자

   그 남자는 인기가 많습니다. 자기를 좋아하는 사람의 부탁을 모두 들어줍니다. 이상적인 사랑은 일대일, 여자와 남자가 서로 좋아하면 이루어질 줄 알았는데 그를 보니 아닌 것 같습니다. 잘생긴 얼굴과 멋진 언변을 가진 그를 따르는 여자들이 줄을 섰으니 내 속이 얼마나 타겠습니까. 질투의 마음을 비우고 친절과 겸손으로 포장해 보았습니다. 은근히 나를 봐줄 것으로 짐작했는데 그게 아니더군요. 실망입니다. 아무래도 첫인상과 다른 나쁜 남자가 아닐까 마음속에 물음표가 생깁니다.

   "원래 나는 사람들과 잘 어울리는 사람이오. 요즘 말로 인기를 누리는 인사이더라 할 수 있소. 나를 따르는 사람이 많은 건 사실이오. 그러나 어쩌겠소. 사람들이 줄 서서 나를 기다리는데 스스로 인기를 즐기는 형국이 되었소. 나는 때가 되면 적절하게 어울리는 사람을 찾아내는 능력을 발휘한다오. 나를 찾아왔다가 깊은 골짜기에 흐르는 일급수 같다고 하며 더 가까이 오지 않고 두려워 도망가기도 한다오. 내 모습을 제대로 보지 않고 투명하다거나 까다롭다 하는데 그 말을 인정하는 바이오."

  연애에 기술이 필요합니다. 이렇게 미적거리다가는 그 남자를 놓칠 것 같습니다. 내 생각을 사실대로 알아주는 사람을 지금껏 만나지 못했답니다. 아웃사이더처럼 빙빙 돌면서 정식으로 좋아한다고 말해 본 적이 없습니다. 애증의 양가감정에 휘둘려 심장이 식어갑니다. 잠시 등 돌려 있는 동안 진심으로 보고 싶은 적도 있었습니다. 섬세하고 예리한 그 남자가 다른 여자와 사랑에 빠져 버리면 어떻게 하나. 해결 방법이 없어 속으로 애만 태웠습니다. 뛰어넘을 수 없는 결핍이 무엇인지 정신의 상승을 꿈꾸었습니다. 괴로웠습니다. 애만 태우던 시간이 흘렀습니다. 계절이 두 번 바뀌었습니다.
  "나도 바빴소. 세상을 덮친 역병과 거짓 정보의 포로가 된 사람들이 생生의 기록을 남기고자 나를 찾았고 나를 통해 이야기를 전달하고 싶어 했다오. 그들은 사이버 강의, 줌 수업으로 녹음하고 일기 쓰기를 멈추지 않았소. 현실의 고통을 견디며 감정을 나누는 사람들은 생각보다 훨씬 잘 견뎌내더군. 나는 여전히 바쁘다오. 그대가 원하는 내 모습이 어떤 형상인지 모르오. 그대가 나를 통해 찾고 싶은 것이 있다면 언제든지 찾아와 나를 낱낱이 해부하고 필요한 부분을 캐내어 가져가도 좋소. 예민한 나와 다른 듬직한 남자를 원한다면 다른 곳에서 찾아보는 것도 나쁘지 않소. 그러나 너무 멀리 가지는 마시오. 돌아오는 길을 잊어버릴까 걱정이오. 부디 나를 잊지는 마시오."

  그를 미워했던 마음이 옅어지고 있습니다. 그를 향한 발걸음에 속도를 냅니다. 이제 진심을 말해야겠습니다. 처음이면서 마지막이 될지 모르지만, 그에게 가까이 가서 말하고 싶습니다. 하지만 굳이 꼭 말을 해야 하나 잠시 망설여지기도 합니다.
  햇살에 눈이 부십니다. 나무가 색을 정직하게 드러내고 있습니다. 바람이 자꾸 말을 걸어옵니다. 불안한 마음을 풀어내어 어제의 낡은 그가 아닌 새로운 그를 만나러 갑니다. 내가 그를 만나러 가는지 안개 같은 그가 나를 불렀는지 도무지 알 수 없습니다. 아무튼 나는 길을 나섰습니다.
  "중요한 건 눈에 잘 보이지 않소. 누군가에게 보이려 반짝이는 옷을 입고 화려한 화장을 하고 찾아온 당신이 허술해 보인다오. 나를 좋아한다는 말은 반갑소. 하지만 나에게 사랑한다고 말했던 사람 중에서 허공으로 흩어지는 바람처럼 갑자기 사라져 버린 일이 많았다오. 그대가 휘청거리고 덤벙대며 정신없이 나를 찾은 것은 그대의 일이라는 사실을 기억하시오. 나는 누구나 쉽게 만날 수 있지만 나의 실체를 보지 못할 수도 있소. 그것을 알고 찾아와 주니 고맙소. 그대의 상처가 그대의 약점이 되지 않도록 껍데기 포장을 걷어내고 본질을 찾는 자신을 믿으시오. 해파랑 절벽 길을 헤매고 숲이 우거진 오솔길을 따라 조심스레 걸어왔으니 이제 마음을 놓으시오. 내 주변에는 눈물 나도록 웃을 일이 많고 사람 사는 냄새가 넘쳐난다오. 향기 나는 여자들 사이에 낀 나는 결코 게으를 수가 없소. 행불행은 한 끗 차이라 여기는 꽤 괜찮은 여자도 있소. 그러나 몸은 부유하나 정신이 황폐하여 겉만 행복해 보일 뿐 모두가 행복하지 않다는 사실을 기억해 주길 바라오."

여전히 그가 좋습니다. 처음 만났을 때 웃는 모습이 좋았고 다시 만났을 때도 심장이 떨립니다. 그는 말합니다. 오는 사람 거절하지 않고 자기 곁을 떠나는 사람을 막지 않는다고 성숙한 말을 하는 그가 너무 진지해서 가슴이 아픕니다. 크고 근사한 것보다 작고 하찮은 것이 소중하다는 것을 비로소 알게 되었습니다. 내 못난 하소연을 늘어놓았던 게 미안하기도 합니다. 이기적인 사이비 사랑이었지요. 용기 있게 감정을 드러내기가 쉽지 않습니다만, 그는 나에게 사랑하는 방법을 제대로 배워보라고 합니다. 세상을 알려주는 대화의 상대는 책이고 세상을 향한 내 사연은 그를 통해 넓은 세상으로 나가는 길이라는군요. 조급한 마음을 버립니다. 금기에 도전하는 쫄깃한 긴장감에 흔들리면서 다가올 달콤한 아픔을 기대합니다. 질투는 곧 나의 힘이니까요. 여기 이곳의 나는 저기 저곳에 있는 그를 향한 마음이 멈추지 않을 겁니다.

이제는 말할 수 있습니다. 그가 어디에 있다고 말하지 않아도 거처를 알고 있기에 영원한 짝사랑은 아닙니다. 그의 마음을 알기에 와락 깨우치고 싶습니다. 조금 더 올라가기를 바라면서 단박의 깨달음을 주지 않고 천천히 느끼게 하는 참 어려운 남자. 그를 흠모하고 자세히 탐색하면서 호들갑은 떨지 않겠습니다. 그의 세계가 몇 차원인지 알 수 없습니다. 단, 그의 약점이라면 꼭 내가 먼저 속말을 해야 한다는 것이 문제입니다. 내 말에 오직 에코로만 답하는 그 남자. 공개적이면서 비밀스럽게 만날 나의 남자를 밝힙니다.

  오늘 밤에도 그 남자에게 이야기를 들려주는 셰에라자드가 되었습니다. 그에게 메일 한 통을 보냅니다.

보이스 피싱

그날, 휴대전화로 연락이 왔다.

"건강 공단입니다. 저는 보험료 환급 담당 백재현입니다. 공단에서 환급금으로 69만 원을 돌려드릴 예정입니다."

병원에서 퇴원한 지 한 달이 조금 넘었을 때다. '환급'이라는 말에 마음이 쏠렸다. 아니 어떻게 내가 수술하고 입 퇴원한 날짜를 정확하게 파악하고 있는가. 한 치의 의심을 심을 사이도 없이 공단 직원이라는 사람의 말을 믿었다.

회복은 잘하고 있냐고 상냥하게 묻고는 자주 사용하는 통장을 들고 은행에 가서 환급액을 확인하라고 했다. 환급까지 해준다는 배려에 정말 감사하다는 말을 잊지 않았다. 아파트 경비원 아저씨 말을 빌리면 그날 은행으로 뛰어가던 내 모습이 예사롭지 않았다고 한다. 뛰는 것이 아니라 거의 날아가더란다.

  은행에 도착하자 다시 전화가 왔다. 현금지급기에 통장을 넣고 잔액을 찍어 보란다. 통화하면서 숫자를 불러줄 테니 숫자를 찍어보라고 한다.

"이렇게 찍으면 계좌 이체가 되는데요?"

"예. 걱정하지 마세요. 통장이 사용 가능한지 확인하고 다시 송금해 드립니다."

  말하는 순간과 동시에 현금지급기 화면이 팍! 팍! 팍! 세 번 바뀌더니 통장이 현금지급기에서 튀어나왔다. 통장 잔액에 숫자 0원이 찍혔다. 나는 은행 안으로 뛰어가 기계가 고장 난 것 같다고 설명을 했는데 보이스 피싱에 걸린 것 같다며 이체된 계좌번호는 자동 인출되는 대포통장이란다. 얼마 전부터 서울에서 발생한 전화 금융사기와 유사하다며 경찰에 신고하는 것이 빠르다고 했다.

  세상에. 이런 일이. 세상에 이런 일이 어디 있는가. 건강 공단이 환급하겠다는 수술비가 어떤 수술인가. 종합검진에서 내 몸에 이상 징후가 나타나 수술하고 1인실에서 한 달을 견디고 퇴원했다. 입원한 병원비가 과다 책정되어 환급해 준다는 거짓말로 사기를 쳤으니 눈을 뜨고도 당할 수밖에 없는 일이었다. 항암하고 있던 나는 억울해서 견딜 수가 없었다.

경찰서 지능범죄수사대를 찾았다. 전화 금융사기 사건 신고 진술서를 자세하게 적었다. 그날 나와 비슷하게 당한 사람이 모두 13명이었다. 신고한 피해 액수만 해도 2억 원이 넘었다. 정년퇴직한 교장 선생님, 대기업 고위직 임원, 심지어 경찰관도 있었다. 대학생, 할머니, 평범한 아주머니, 나처럼 병원을 퇴원한 환자까지 나이와 직업이 다양했다.

과연 보이스 피싱 당한 돈을 찾을 수 있을까 하는 의문이 들었다. 무엇보다 나 자신에게 화가 나서 견딜 수가 없었다. 졸지에 전화 금융사기 사건의 주인공이 되었다. 뉴스에나 나오는 바보 같은 사람이 나라니. 전화 금융사기 주범은 얼마나 잘살려고 그런 짓을 할까. 나 역시 공돈인 환급금을 받으면 식탁을 바꿀까 아니면 거실 커튼을 바꿀까 잠시나마 행복한 고민을 했다.

한 달 후 지방법원에서 속달 등기가 왔다. 범죄를 저지른 당사자는 한국인 2명, 중국인 2명인데 일망타진 검거했단다. 그러나 피해 금액은 찾을 수 없다는 사건 종결 내용이었다.

경찰서 담당자는 사건이 종료되었지만 잃어버린 돈을 찾아주지 못해 미안하다고 했다. 하지만 또 다른 범죄가 일어나지 않게 대비책을 말하면 들어주겠단다. 나는 모든 은행 창구 현금지급기에 전화 금융사기를 조심하라는 손바닥만 한 스티커를 제작해 붙여 달라고 부탁했다. 나처럼 당하는 사람이 없기를 바라는 마음이었다. 몇 주가 지난 어느 날부터 은행 현금지급기마다 전화 금융사기를 경고하는 내용이 적힌 노란 스티커가 큼직하게 붙었다.

 지나간 일이지만 기억은 남아있다. 생활비가 사라져 애먼 남편만 며칠 들볶았다. 식탁과 커튼을 바꾸기는커녕 집 안 분위기가 썰렁해지면서 온기가 사라졌다. 생각해 보니 상대를 속이려 작정하거나 해치려고 덤비면 속수무책으로 당할 수밖에 없는 게 예나 지금이나 별반 차이가 없다. 세월이 흐르면서 자기 위안의 방어벽이 생겼는데 사람이 다치지 않았으니 다행이라며 스스로 위로했다. 어쩌면 시간은 약이 아니라 잃어버리는 것에 익숙해지는 것이 아닐까.

 전화 금융사기는 갈수록 교묘하게 진화하고 있다. 은행 창구에서 현금을 찾거나 계좌이체 하는 방법은 고전 수법이다. 차라리 옛날에는 보이스 피싱이었는데 최근엔 개인정보를 털어 카카오톡이나 문자를 통해 친구인 양, 가족처럼 급하다며 송금해 달라는 메신저 피싱으로 번지고 있다. 심지어 휴대전화에 대출 앱 실행을 유도하며 젊은이를 대상으로 사기 대출하는 인터넷

범죄가 판을 친다. 개인 정보를 유출하여 개인 신용을 악용하는 범죄 사례 뉴스가 일상화되었다.

  보이스 피싱은 불특정한 다수가 대상이다. 고도의 지능 수법을 응용하여 갈수록 악랄해지는데 사람을 위한 좋은 일은 오히려 퇴행하는 현실이 안타깝기만 하다. 국가적인 차원에서 지능 범죄 수사의 수준을 올리고 범위를 넓혀야 서민을 괴롭히는 사회악社會惡이 줄어들지 않을까 싶다.

백자인 栢子仁

  나무는 조용하다. 언젠가 자연에는 이야기가 있다는 책을 읽으며 나무가 사람보다 낫다는 생각을 했다. 수백수천 년을 살면서 나무는 가만히 제자리에 서 있건만, 백 년도 채우기 어려운 생을 살면서 사람은 밤낮 아등바등해 대니 여유로운 나무가 부럽기만 하다.

  신문배달원이 계단을 뛰어다니는 발소리를 듣고 일어났다. 동살이 부옇다. 까마귀가 쇠미골을 한 바퀴 돌며 아침을 깨우고 쇠미산 바람은 꼭두서니 아침 해를 의젓하게 맞이한다. 빛과 소리로 이어진 골목길을 걷다가 별을 안고 서 있는 문지기를 보았다. 하늘에서 빛나는 별이 길을 잃고 잘못 내려온 것은 아닐까. 작은 별을 꽃으로 우르르 달고 있는 문지기는 잎을 비늘 겹치듯

납작하게 세운 늘푸른나무, 측백나무였다.

  측백은 봄날에 작은 꽃을 담담하게 피운다. 연하늘색 단단한 열매를 맺어 여름을 견디다 한가위가 지난 후 철옹성 같은 단단한 표피를 연다. 바짝 말린 속에 갈색 씨앗을 만들어 여문 씨를 쏟아내는 제 생명을 공양하는 나무다. 씨앗 보늬를 벗기지 않고도 바로 한약재로 쓸 수 있는 백자인栢子仁이 측백나무 씨앗이다. 할 일을 마감한 씨앗은 새 생명을 품고 있다. 측백엽을 섞은 백자인 차를 끓인다.

  나무는 태양을 향한다. 그러나 측백나무는 홀로 서쪽을 향하여 음지에서 절개를 지킨다. 서쪽을 뜻하는 흰색의 백栢에는 여러 종류 나무가 있는데 약으로 쓰는 것은 오직 잎이 한쪽으로만 자라는 측백側柏뿐이다. 측백은 눈과 서리조차 두려워하지 않고 구부러지지도 않는다. 그 나무를 닮은 나무가 마을 뒷산에 있었다.

  쇠미골은 쇠미산 아랫마을이다. 편백 숲이 있는 쇠미산을 올라간다. 편백과 측백은 사촌 간으로 잎맥이 다르다. 사람들은 피톤치드 향이 물씬 나오는 숲을 즐긴다. 마을 뒷산이라 등산하기도 좋은데 여전히 산에서 가장 시끄러운 것은 나무도 바람도 물도 새도 아닌 사람이다.

  봄부터 갑자기 잠이 달아났다. 머리만 붙이면 잠들었던 기억이 언제였는지 가물가물하다. 게다가 깊은 잠을 자는 게 소원이 될 줄 어이 알았던가. 맥주를 마시면 나을까 싶어 홀짝 마시지만, 잠이 오지 않아 그냥 일어나 앉는다. 밤 고양이들은 누구를 부르는지 울어대고 고양이 울음을 듣다가 새벽을 넘길 때 이유 없는 눈물이 왈칵 쏟아진다. 잠을 자고 싶다. 나비잠 자는 아이로 편안하게 자고 싶지만 잠이 오지 않는다. 일과를 끝내고 귀가하면서 편의점에서 산 맥주 한 캔을 뜯어 마시며 잠을 청하지만 잠은 도망간 지 오래다. 갱년기가 지나고 있다.

잠을 자기 위해 암막 커튼을 주문한다, 안대를 한다, 듣기 싫은 음악을 듣는다, 평소 마시지 않던 차茶를 마신다, 향초를 피워본다, 스트레스 받는 일을 멀리한다, 상추쌈을 먹으며 온갖 방법을 찾아보지만 깊이 이루지 못하는 잠. 아, 내가 늙어가고 있구나. 예전에 새벽잠이 없어 일찍 일어나 부스럭대던 어머니의 움직임을 내가 그대로 따라 하고 있구나.

불면증에 좋다는 측백나무를 보러 가기로 마음먹었다. 측백나무는 잎이 좁은 상록 침엽수다. 여느 나무와 달리 절벽 바위에 뿌리를 내려 숲을 이루고 있는 대구 도동 측백나무 숲에 가면 위로가 될 것 같았다. 어떻게 바위틈 척박한 환경을 극복하고 군락을 이루고 살아남았는지 궁금했다. 우리나라 천연기념물 1호가 '도동 측백나무 숲'이다. 측백나무는 중국에서 건너온 것으로 여기는데 우리나라 최남단에 군락을 이뤄 자생하고 있다는 생태학적 가치를 인정받아 보호하고 있다. 대구 도동을 비롯하여 여러 곳에서 자생하고 있어 우리나라를 원산지로 인정한다.

  도동 마을 작은 다리를 건너니 냇가에 물이 얕게 흐른다. 측백나무 숲은 향산 절벽 돌 사이에 1천200여 그루가 숲을 이루어 바람이 불면 측백에서 나는 청정한 향기가 메아리로 들릴 듯하다. 절벽 바위틈에서 자라는 나무, 지독하게 자라는 나무를 서거정 선생은 『대구 십경』에서 북벽향림北壁香林이라는 이름으로 불렀다. 주변 환경을 아름답게 하려고 마을 초입에 측백을 많이 심어왔다.

  한적하다. 바람 소리뿐이다. 측백나무 숲 사이에 오래된 절이 있어 마음이 들뜨지 않는다. 소나무·느티나무가 함께 사는 바위틈에 쇠물푸레·소태나무·층층나무·회화나무·자귀나무가 소리 없이 함께 살고 있다. 바람이 불어오는 곳에 서서 거뜬하게 살아낸 측백을 보며 내 몸의 불안한 행복을 바라본다. 잠이 오지 않으면 조금만 자면 될 터이다. 오히려 더 많은 일을 할 수 있을 것이다. 측백나무는 나에게 꽃과 열매를 보여주었다. 그 열매는 사람을 위한 한약재 백자인이 되어 생명이 생명에게 공양하는 법과 공양되는 법을 알려주고 있다.

   나는 왜 못 자는가. 육십 년을 살면서 잠잤던 시간이 얼마나 많았던가 생각하니 잠을 자야겠다는 집착은 버려도 될 듯하다. 잠은 나중에 무덤 속에서나 잘 일이다. 아직 할 일이 많다고 위로하며 백자인 차 한 잔을 마신다. 어느새 마음이 편안하고 몸이 가벼워지고 있다. 측백 나뭇잎 W 자를 바라보며 되돌아갈 수 없는 여성의 젊은 시간을 잊어버린다. 불면이 성숙할 시간을 맞이한다.

   백자인의 생명이 나에게 공양되어 왔다. 나이 들면서 사람도 조용해져야 한다.

통신언어로 핀 봄꽃

"카톡, 카톡" 모임방이 난리다. 나른한 오후에 늘어난 의식을 한 방에 깨우는 사진이 떴다. 거기에 퀴즈가 등장한다. 얼마 전 등단하신 L 선생님께서 청춘 마음을 가진 글벗에게 꽃불을 당기셨다. 활발한 분들이 많으니 어디 그냥 넘어가겠는가. 당연히 시작이 좋다.

"이 꽃 이름은 무엇일까요? 정확하게 맞추시는 분께 맛있는 커피 대접하겠습니다."
"어데서 핀 꽃인가요?"
"예뻐요~"
"벚꽃"

"돌봉숭"

"아닙니다. 용두산 공원에 핀 꽃입니다."

"왕벚"

"복사꼬ㄷ"

"수양버들"

"근접했습니다."

"버드나무"

"처진버곳ㅋ"

"개벋"

"노노"

"ㅎㅎ 쳐진개벋"

살짝 사진을 확대해 보니 과연 꽃나무가 우아하다. 연분홍 꽃이 만개했는데 겹꽃인가? 나무 둥치를 보니 예사롭지 않다. 언뜻 보면 왕벚꽃 같고 어찌 보면 복사꽃으로 보이는 특이한 고목이다. 축 늘어진 가지는 묘하게도 수양버들을 닮았다. 순간 생각해 보니 왕벚나무와 복사꽃은 이미 피었다가 졌지 않은가. 도무지 이름을 알 수 없다. 알쏭달쏭한 나무 덕분에 모임방에 생기가 넘친다. 대화 기록이 두 바닥을 넘긴다. 정답을 계속 찍고 있는 대화방을 엿보는 재미가 쏠쏠하다.

"커피에 눈이 멀어… 수양버들"
"ㅎㅎ 정식 이름을 말씀해 주세요."
"쳐진벚나무"
"어러버요."
"커피는 언제? 만날 수가 엄는디?"
"마추도 문제네."
"힌트, 이름에 능수가 들어갑니다."
"능수버들"
"커피 마시고 싶엉요ㅠㅜㅠ"
"○○씨, 80% 정답."
"이름이 뭐에요"
"힌트 좀 주시오"
"빨리 말해 주세요~~~"
"잠시 후 공개"

여기까지 읽다가 그만 웃음이 빵 터졌다. 이런 반가운 일이 어디 있는가. 나는 중간시험 과제물로 통신언어 실제 사례를 찾는 중이었다. 생생한 사례를 월척으로 낚은 셈이지 않은가. 갑자기 횡재한 기분이 들었다. 그것도 십 대, 이십 대가 아닌 평균 연령 칠십 대로 진입한 언어를. 살아있는 예문을 찾았다는 기쁨을 만끽하는 순간, 새로운 사진 한 장이 나타났다.

단아한 분홍꽃나무는 목걸이 이름표를 걸고 얌전하게 웃는다. 내 이름은 '능수복숭아'라고 말하는 젊은 고목. 참 예쁘다.

"엥? 능수복숭아?"
"수양버들이 아이네ㅋㅋ"
"아~"
"첨 보는디"
"틀렸네"
"능수는 맞고"
"앗싸!!"

L 선생이 '능수'까지 맞춘 분께 빨리 커피를 사겠다며 총총 마무리한 시간은 18분. 그 짧은 시간에 눈치코치 멀티플레이는 치열했다. 커피를 마시겠다는 불꽃 의지를 보여준 문우들은 정답을 향해 속도 전술을 펼치면서 맞춤법과 띄어쓰기를 무시하는 무모함을

곁들였으며 목표 달성을 위해 줄임말과 갑툭튀(갑자기 툭 튀어나옴) 비문을 사용하지 않았던가. 내 과제물 표본으로 충분하였다.

말이 달라지면 마음도 달라진다. 통신언어는 젊은이만의 전용 언어가 아니었다. 대화의 기술은 나이가 아니라 열정이 필요하다는 사실을 알려준 그들에게 감탄밖에 나오지 않았다.

> …통신을 이용하는 사람들은 다양하다. 통신 화자들이 쓰고 있는 통신 수단이 발달하면서 우리의 생활이나 통신 형태도 변하고 있다. 옛날에는 편지나 전화로 이루어지는 의사소통이 주를 이루었는데 21세기인 지금은 인터넷, 스마트폰이 대표적인 통신 수단이다. 통신언어의 경제적 장치, 표현적 장치, 유대 강화 장치는 한글 맞춤법에는 어긋나지만, 통신 화자의 다양한 의사소통과 친밀감을 유지하는 데는 필요하다고 할 수 있다. 최근 들어 세계화, 국제화 추세와 통신언어의 발달로 인해 외래어 남용과 새로운 신조어, 인터넷 언어들이 일상 언어생활에 쓰이고 있다. 표준 우리말을 사용하지 않는다. 또한 통신의 보편화와 더불어 통신에 사용되는 언어에는 일탈성·변칙성이 자주 지적되고 있지만, 통신언어의 의사소통 속성상 자연스러운 현상이라고 할 수 있다. 이러한 관점에서 통신언어가 보이는 문어로서의 일탈성은 구어 의사소통의 효과를 얻기 위한 동기에서 비롯되었고 그 동기는 경제적인 동기, 표현적인 동기, 유대강화의 동기 등으로 나누어 볼 수 있다.
>
> …중략…

인터넷 언어는 사람들이 마주 보고 대화를 하지 않기 때문에 자신의 감정 표현을 위해 말을 줄이거나 늘리는 경우가 많았다. 여러 가지 기호와 이모티콘을 사용하는 경우도 점점 늘어나는 추세이다. 통신 발달로 사람들은 인터넷을 통해 스스럼없이 다른 사람과 소통하게 되고 거기에 따른 많은 문제가 발생하기도 한다. 얼굴이 보이지 않기 때문에 인터넷 언어에 대한 말을 너무 쉽게 하는 경향이 있고 비속어나 욕설로 인한 다툼이 일어나기도 한다. 게다가 인터넷 언어는 우리의 일상 언어생활에도 영향을 미치고 있다. 통신 언어는 기존의 언어와 다른 많은 말과 기호를 만들었다. 언어 파괴의 양상도 보여주며 새로운 언어의 발굴과 언어의 발달이라는 양면을 보여준다. 통신 언어는 새로운 통신 수단이 등장하면 할수록 앞으로 더욱더 발전해 나갈 것이다. 따라서 우리 국어의 기본적인 맞춤법과 문법 등을 잘 익히고, 통신 언어의 변화에 적극적으로 대처하며 나아가야 할 것이다.

- 언어와 생활 「통신언어의 실제 사례」 일부

흔히 봄은 꽃으로 시작한다고 말한다. 하지만 봄은 언어에서부터 먼저 온다. 얼마 전 "꽃 보러 가자."라는 문자를 받고 마음이 들떴다. 꽃을 보러 나가는 행위는 봄이 와서가 아니라 문자를 통해 이미 봄꽃이 도착해 있었다. 순리적으로 꽃이 피었다고 넌지시 알려주는 게 언어의 힘이 아닐까.

꽃나무 이름으로 시작된 모임방 대화는 즐거운 놀이 같다. 자칭 배우고 익히면 즐겁다고 생각하는 늙은 학생은 바람에 책장 넘어가듯 대충대충 공부하다가 문자 도끼를 맞고 정신이 번쩍 든다. 카톡 댓글의 행간 걸침을 유심히 다시 읽는다. 재미있다. 빠르다. 숨어있는 누군가의 욕심이 보인다. 통신언어는 웃음 속도를 더하고 모임 결속을 다지는 매개이면서 동시에 나이를 젊게 만드는 비결을 갖는다.

'능수복숭아'는 '수양복숭아', '꽃복숭아'라는 이름을 가진 우리 토종나무였다. 고목으로 보이는 능수에 겹복사꽃을 달고 있는 나무. 이름에서부터 젊음과 늙음이 공존하는 나무이다. 사람이 나이가 들면 말과 행동, 글이 따로 논다고들 하는데 통신언어의 힘은 나이를 잊고 감정 결속을 빠르게 연결하는 전술이다. 그러니 나이 많은 문우도 통신언어로 활짝 핀 능수복숭아처럼 자신의 존재를 찾아 마음의 봄을 만개하셨으리라.

통신언어 실제 사례 공개를 흔쾌히 허락해 준 글벗에게 고마운 마음을 전한다. 어디서나 막힘없이 두루 통하고 싶은 학생이 통신언어의 표현적 기능을 담당한 줄임말로 한마디 한다면 이렇게 말하고 싶다.

"땡베감(땡큐베리감사)!"

이안눌 시비를 찾아서

　새벽에 해운대로 향한다. 바닷가엔 인적이 드물다. 몇몇 사람이 웅숭깊은 몸으로 떠오르는 아침 해를 받아들이고 있다. 유명한 모네의 「일출」보다 더 큰 해를 맞이하는 인상 깊은 날이다. 천천히 해변파출소를 기준으로 송림공원 쪽으로 걷는다. 하얀 화장실 건물이 먼저 눈에 들어온다. 화장실과 거의 맞닿아 있는 듯한 「해운대에 올라」 시비가 독특하다. 삼각형 형상으로 돌기둥을 세우고 그 안에 정사각형 화강암 반듯한 면에 한글과 한자를 새겨 넣었다. 손으로 만져보니 까칠까칠하다. 삼각형 돌기둥을 받쳐주는 네모난 뒷기둥은 한쪽 균형이 깨져 대충 기대어 놓았다.
　이안눌 시비는 자칫 관심이 없으면 그냥 지나쳐 버리기 쉬운 난감한 위치에 서 있다. 시비 처지에서 보면 한눈에 바다 전체를 보는 좋은 자리이지만, 수많은 사람이 오가는 번잡한 공중 화장실 옆이라니. 품격 있어야 할 시비의 존재가 한마디로 군중 속에서 고독을 즐겨야 하는 외로운 처지로 보인다. 시비 앞에 서서 더 이상의 군말은 줄이기로 한다.

「해운대에 올라」를 쓴 이안눌의 성품과 문장은 특별하다. 강개한 성품을 소유하고, 관리 직무에 충실하였고, 효도와 우애의 실천이 남달랐다. 문장과 시에 뛰어나 두보의 법을 터득했다는 평가를 받아왔다. 그의 시는 대체로 임진·병자 양란을 체험한 정치사회적인 시와 부임지의 풍토 지리적인 시로 구분할 수 있다.

부산에 남아 있는 그의 시비는 「해운대에 올라」, 「청룡암시靑龍巖詩」, 「범어사증도원산인梵魚寺贈道元山人」, 한시 3편이다. 「해운대에 올라」는 이안눌이 1608년 2월~7월까지 동래부사로 부임지 순찰 중에 지은 시로 추측된다.

登海雲臺(등해운대) '해운대에 올라'

李安訥(이안눌)

石臺千尺勢凌雲(석대천척세능운)
구름 속에 치솟는 듯 아스라이 대는 높고
下瞰扶桑絶點氛(하감부상절점분)

굽어보는 동녘바다 티 없이 맑고 맑다.
海色連天碧無際(해색연천벽무제)
바다와 하늘빛은 가없이 푸르른데
白鷗飛去背斜曛(백구비거배사훈)
훨훨 나는 갈매기 등 너머 타는 노을

  해운대를 예찬한 시 중에 이 한시와 견줄 만한 시가 어디에 있겠는가. 시를 읽고 난 후 뒤돌아서서 바다를 자세히 보았다. 새벽부터 늦은 밤까지 인파로 가득한 관광지인 해운대 하늘이 푸르면 물빛도 푸르다. 하늘이 흐리면 물빛도 흐려진다는 진리를 저절로 알아차리게 된다. 아마도 시인은 천 년 전 최치원의 흔적을 좇아 동백섬 쪽에서 바다를 바라보지 않았을까. 그는 분명 경계 없는 세상을 간절히 바랐을 것이다. 해 지는 노을에 온통 붉은 바다로 변하는 어마어마한 장관을 눈에 담고 흰 갈매기가 날아다니는 바다를 보며 느낀 감상을 기록으로 남겼을 것이다.

  차가운 바닷물에 발을 담근다. 멀리 있는 시비를 향해 걸음을 멈추고 사진을 찍어본다. 지금은 시비를 감싸고 있는 병풍 같은 고층 건물만 즐비하고, 하늘과 바다의 경계는 잠제등표 설치로 인해 분명하지만, 과거의 해운대 바다엔 하루해가 뉘엿뉘엿 넘어가고 노을빛에 불타는 붉은 바다가 만들어내는 분위기를 짐작해 볼 수 있다.

　문영길 시인은 이렇게 말했다. 부산에 등록된 조형물 중 문학비가 차지하는 비중이 큰데 시에서 관리하는 문학비도 담당 부서의 이해와 관심 부족으로 문학인의 긍지를 훼손하는 일이 잦고, 대표적인 예가 이안눌 시비라 하였다. 작가 정진윤에 의해 지어진 이 시비는 처음엔 아쿠아리움 자리에 있다가 바다파출소 앞으로 옮겨졌고, 현재는 해운대해수욕장 2호 공중화장실 옆에 있다. 시비 뒤쪽엔 일부가 파손된 상태로 방치된 처량한 신세가 되어 안타까운 마음이 든단다.

　그런데 수많은 관광객이 지나가는 이 자리가 오히려 꽃자리일 수 있다는 생각이 번쩍 들었다. 시와 글, 문인과 시비, 문학과 대중문화는 시끌벅적한 현대인과 불가분 관계임을 이 위치에서 이 시비가 말하고 있지 않은가.

　이안눌은 본관 덕수 이씨, 자는 자민, 호는 동악, 시호는 문혜文惠이다. 그는 조선 후기 문신이다. 그는 조선 중기의 대표적인 시인인 송강 정철과 노계 박인로와 함께 삼당시인三唐詩人으로 불렸으며, 문집에 실린 방대한 시는 지역과 관련된 내용이 많아서 민중 생활사와 사회사 연구에 귀중한 자료가 되었다.

　이안눌은 청백리 목민관으로 유명하다. 29세 선조 32년에 과거에 나가 급제하면서 벼슬길에 오른다. 평생 각 지방의 수령 방백으로 전전하였고 오롯이 지방의 유생을 훈육하고 늙은이를 공경하였다. 40년 가까이 벼슬살이하여 땅 많은 부자였지만 항상 검소한 생활을 하였다. 나라의 정무를 돌보고 집에 와서 책을 읽고 글을 써야 하는데 언제 가산을 돌볼 시간이 있느냐며 반문할 정도로 청렴하였다. 훗날 인조 왕에게 정려문을 받고 청백리에 녹선되었다. 그는 공무를 보기 전에 손을 깨끗이 씻어 몸과 마음을 정갈하게 단속했으며 동헌에 '불역심不易心' 즉 마음을 바꾸지 않는다는 편액을 걸어놓았다. 그는 암울한 시대를 자각한 시인이며, 자신의 실제 경험을 구체적으로 표현한 목민관이면서 동시에 부산을 진정으로 사랑한 문인이었다.

쾌청한 날에「청룡암시」시비를 만나러 간다. 딸아이와 함께 범어사 일주문 앞에 서서 세속의 번뇌를 접는다. 잠시 딴 세상에 온 듯 자연의 노랫소리에 집중한다. 맑은 숲길에서 말소리를 낮추고 발걸음을 조심한다.

이안눌의 시비는 범어사 큰 바위에 새겨져 있다. 지장전과 나한전 사이 산령각으로 올라가는 계단과 맞닿은 바위가 청룡암이다. 두 손을 합장하고 공손히 절을 올린다. 햇살에 달궈진 바윗돌이 따끈따끈하다. 글씨를 찾아보니 청룡암 시석이라 불리는 바위는 공덕비 역할도 하였을 것이다. 크고 작은 이름과 연월일이 다른 특별한 기록과 여러 명의 시주 명단이 들어있다. 바위 밑으로 흐르는 약수터 앞에서 어른 눈높이와 같은 위치에서 오언율시를 만났다.

青龍巖詩(청룡암시) '청룡암에 새긴 시'
李安訥(이안눌)

德水李居士(덕수이거사) 덕수 사람 이 거사
萊山晶上人(내산정상인) 동래 사람 혜정 상인
烟霞一古寺(연하일고사) 안개노을 속 옛 절에
丘壑兩閑身(구학양한신) 자연 더불어 한가한 두 사람
掃石苔粘屐(소석태점극) 바위 밟은 나막신에 이끼 푸르고
觀松露濕巾(관송로습건) 소나무 보느라 두건에 이슬 젖네
蒼崖百千劫(창애백천겁) 수만 겁 내려온 푸른 벼랑
新什是傳神(신십시전신) 여기 새로운 글 새기네
萬曆己酉六月(만력기유육월) 만력 기유년은 1609년 6월
東岳(동악) 이안눌의 호

청룡암에 오래된 돌 버짐이 잔뜩 피었다. 희고 검은 얼룩 버

짐과 누런 복합 버짐, 푸른 이끼는 세월의 흔적을 고스란히 안고 있다. 비가 오면 큰 바위는 물 먹은 먹색이 되어 글씨가 잘 보이지 않지만, 화창한 날엔 햇빛에 반사된 돌이 오히려 선명한 글자로 돋보이게 한다.

「범어사증도원산인梵魚寺贈道元山人」 칠언절구 시는 검은 이끼가 덮여 글자는 보이지 않는다. 맨눈으로 읽기도 어렵고 사진을 찍어도 흔적이 없다. 할 수 없이 산령각에 올라가 삼배를 올린다. 신발을 신고 바위 뒤편에 선 채로 청룡암을 안산으로 잡고 멀리 그림 같은 산 능선을 바라보았다. 확 트인 풍경이 반갑다. 풍경소리도 그윽하다. 서른아홉 살이었던 그는 금정산 범어사에서 고요히 산 풍경을 즐겼을 터이다.

梵魚寺贈道元山人(범어사증도원산인)
'범어사의 도원스님에게 드리는 시'

李安訥(이안눌)

石崖苔逕入烟霞(석애태경입연하)
위 벼랑 이끼 낀 길은 안개 속으로 접어들고
坐倚松根看夕暉(좌의송근간석휘)
소나무 뿌리에 기대앉아 석양을 바라본다

蜀魄一聲山寂寂(촉백일성산적적)
접동새 한 마리 우는 소리에 산은 적막하고
轉頭三十九年非(전두삼십구년비)
돌이켜 생각하니 삼십구 년 내 인생 어리석구나
東谷(동곡)
李子敏(이자민) 자민은 이안눌의 자

  1609년 6월 이안눌은 더위를 피하고자 범어사 혜정 스님 처소에서 지낸 적이 있다. 그 당시 스님이 바위에 새길 시를 요청하였는데 그는 시 2수를 지었다. 「청룡암시靑龍巖詩」, 「범어사증도원산인梵魚寺贈道元山人」 시 2수는 청룡암에 새겨졌다. 「청룡암시」는 목판도 제작되어 부산시 유형문화유산 제25호로 지정되어 있다.

  동래 부사 청덕선정비도 1609년 건립되어 동래구 금강공원 안에 있다. 비 앞면에 '부사 이공안눌 청덕선정비'라는 비제가 적혀 있는데 송덕비 20개 중 크기가 가장 작고 가늘게 만들어졌다고 한다. 또, 동래부사로서 시를 남긴 사람은 이안눌이 유일하며 자연을 소재로 한 것이 많고 시어가 섬세하고 서정적이다.

  범어사 산문을 나서면서 그는 동래를 무척 사랑했고, 동래 사람을 아꼈던 문인임을 인증했다. 사백 년 전 한시를 읽으며 그의 청백리 정신과 건전한 작가정신을 느낄 수 있었다.

이안눌은 생애를 통해 일관일록一官一錄 원칙을 알려 주었다. 전국 각지 지방관으로 부임하면서 체험을 근거로 색다른 풍습과 지형, 기후, 특산물, 인물, 지명, 전설 등을 토대로 시 작업을 성실하게 실천한 다작 작가였다. 해운대에서 자연의 호방함을 노래했고, 범어사에선 신실한 지역인과 교류하였으며, 동래 사람들과 함께 웃고 울었던 바르고 곧은 문인이었다. 그의 한시로 말미암아 과거와 현재를 이어 미래를 예측할 수 있는 기록문학의 진정한 가치를 깨닫게 된다.

역사는 반드시 흔적을 남긴다. 무릇 작가라면 정성을 들여 후일에 남길 목적이 있는 사실과 감상을 기록으로 남겨야 하는 법. 진솔한 글을 쓰기 위해 한 문장도 허투루 쓰지 않겠다는 각오를 다져야 하지 않는가. 부산에 산다고 해서 부산 역사를 전부 다 아는 것은 아니지만 부산 역사를 깊이 이해하고 부산 문화를 사랑하는 시민이 되기를 소망하고 있다.

제2부

기막힌 순간

요트에 사랑을 싣고
숲, 섬을 열다
기막힌 순간
살아남은 사람 모두 곡을 하다
막차
문학치료로 만난 김순경의 『검은 꽃』
나무 실패
역사가 퀴즈를 만났을 때

요트에 사랑을 싣고

　속도가 붙었다. 항해하면 저절로 신이 난다. 계류장에 비릿한 물 냄새는 뱉어내고 바다 위에서 칼칼한 습도를 들이마신다. 하얀 요트는 푸른 바다에 길을 열고 돛에 순풍을 얹는다. "와~" 사람들의 탄성을 품에 안고 전진한다. 불볕, 땡볕, 폭염이라는 일기예보에 전혀 아랑곳하지 않는다. 도시에서 하늘과 바다를 보면서 동시에 자유를 만끽하는 것 중에 요트만 한 것이 있을까.

　벼르고 벼른 날이다. 집안일이 많아서 직장에 매여서 몸이 아파서 코로나 탓에 만나지 못하는 핑계가 쌓였다. 가까이 살면서 만나지 못하고, 외출을 자제하며 조금씩 지쳐갈 때 문득 요트를 타자는 말이 나왔다. 우정이 가득한 여고 동창은 만나는 시각을 늦은 오후로 잡았다. 어쩐지 곱절의 여유가 생긴다.

해가 진다. 저녁노을에 비친 바다가 발갛게 물든다. 몸을 돌려 선착장을 바라본다. 뜬금없는 아파트와 빌딩이 억지로 세운 성벽처럼 어울리지 않지만, 군데군데 떠 있는 요트는 바다 숲을 단단히 지키는 자작나무처럼 흰빛을 발하고 있다. 요트는 울렁거리며 넓은 바다로 나아간다. 낭만에 사로잡혀 공연히 마음이 뭉클해진다.

순식간에 훅, 사방이 어둡다. 가이드가 잠시 멈출 테니 다이아몬드같이 반짝이는 광안대교와 밤바다를 감상해 보라고 한다. 오륙도 쪽으로 방향을 튼 요트가 멈추었다. 건너편 요트에선 현란한 음악이 쿵쾅거리고 광란의 댄스파티를 즐기고 있다. 반면에 우리가 탄 요트엔 진지하면서 흥겨운 노래가 흐른다.

요트는 여가용 선박이다. 순수하게 돛만 사용하는 세일링 보트를 말하지만, 요트의 어원은 '사냥'을 뜻하는 네덜란드어 야흐트로 네덜란드 해군이 해적을 추격하기 위해 만든 작고 가벼운 빠른 선박이다. 영국 왕 찰스 2세가 복권을 위해 홀란트에서 브리튼 섬으로 운송할 때 야트를 사용하면서, 요트라는 단어가 널리 보급되었다. 원발음은 야트인데 일본에서 욧토로 말하는 탓에 요트가 표준어가 되었고 외래어 표기법에 맞는 야트는 비표준어가 되었다. 현재는 모터를 달아도 여가용이면 모두 요트라고 부른다. 내가 탄 요트 역시 모터와 세일링 겸용이라 요트 위에서 무엇을 해도 전혀 불편하지 않았다.

  누군가와 시공간을 공유하는 것은 의미가 크다. 외롭게 견딘 시간이 길었던 사람이라면 우울에서 벗어나려고 무진 애를 썼을 것이다. 자연에 가까이 갈 수 없다면 또 다른 활동을 찾아 긍정의 시간을 보내도 좋은 일이다.

  비틀스의 노래가 흐른다. 요트 조명이 한곳을 비추며 집중을 유도한다. 한 쌍의 남녀가 프러포즈하는 중이다. 하얀 원피스를 입고 수줍게 웃는 아가씨와 그 앞에 선 우람한 체격의 총각이 서로 얼굴을 바라본다. 꽃다발을 전한다. 처음 보는 사람들이 축하 박수와 환호를 보낸다. 사랑을 완성하는 청춘남녀를 위해 즐겁게 들러리를 선 사람들이 나누는 덕담도 따뜻하다.

  불현듯 일본에서 현해탄을 건너온 어머니가 생각났다. 관동지진 때 일본 사람들은 꼭 집어 조선인을 핍박했는데, 해방되자 아예 대놓고 목숨까지 위협했다. 외갓집 식구들은 목숨을 지키기 위해 연락선을 탔고, 배 안에서 일주일을 견디며 부산항으로 입국했다. 그때 어머니는 열여섯 살 여중생이었는데 수백 명이 탄 연락선 안에서 오로지 가족과 헤어지지 않으려 손을 잡았던 기억밖에 나지 않는단다. 어머니는 별빛도 달빛도 느낄 수 없는 인파로 촘촘한 배 안에서 캄캄한 생의 절망 외엔 아무것도 느낄 수 없었을 것이다. 그러나 자유를 찾아 고국에 돌아온 어머니가 훗날 아버지를 만났으니 그 사랑 이야기는 자식들에게 전설이 되지 않았던가.

비틀즈의 노래 「All you need is love 당신에게 필요한 것은 오직 사랑뿐」에서 이렇게 노래한다.

알려지지 않은 걸 당신이 어떻게 알겠어요
보이지 않는 걸 당신이 어떻게 볼 수 있겠어요
당신이 의도하지 않은 장소에 있을 수는 없잖아요
그건 쉬워요
당신이 필요한 건 사랑뿐이에요
사랑이야말로 당신이 필요로 하는 전부예요

도시의 불빛에는 보이는 세상과 보이지 않는 세상을 담고 있다. 선착장을 출발할 때 생경 맞던 아파트가 돌아올 때 보니 유럽의 화려한 성곽처럼 멋있게 보이는 이유는 무엇일까. 행복은 멀리 있는 게 아니라고, 시간과 돈을 재지 말고, 한 살이라도 젊어서 세계 문화와 여러 음식을 즐겨보라던 어느 교수님의 말씀을 되새긴다.

요트의 계절이다. 거친 바다를 가르는 요트를 타고 잠시라도 당신을 찾아 자유를 찾아가 보라. 우정과 사랑으로 흥청거리기를. 자유의 몸짓을 만끽하시기를.

숲, 섬을 열다

 숲이 사람을 부른다. 숲속을 걸으면서 나무를 보고 자신을 반추한다. 아늑한 숲에서 지친 삶을 위로받으며 회복하고픈 본능이 살아나 숲을 찾아간다. 도시에 사는 우리는 숲에서 힘을 얻어 귀환하리라는 희망을 품고 산다.
 쪽빛 바다에 눈이 시리다. 항구에 정박한 배를 탄다. 배는 사람을 싣고 섬에 부렸다가 숲길을 산책하고 돌아 나올 때까지 기다려 다시 육지로 간다. 궁농항에서 뱃길 따라 이십여 분 만에 도착한 섬은 과거 대통령의 별장이 있던 거제 저도猪島다.
 지난여름 47년 만에 섬을 개방했다. 아직은 예약하지 않으면 마음대로 들어갈 수 없는 특별한 섬이다. 시멘트로 정비된 길이 끝나면 이내 정갈한 녹색 숲이 열린다. 숲길은 혼자 걸어도 좋고 여럿이 걸어도 좋다. 바다를 건너온 사람들의 발걸음 소리가 나무계단 위에 선명하다. 바람 소리가 나지막하게 들릴 듯 말 듯 하지만 파도 소리에 묻어오는 "쿠~악" 하는 왜가리 울음소리는 선연하게 들린다. 저도의 왜가리는 소나무가 빼곡한 산꼭대기에 무리 지어 산다. 왜가리 한 마리 바위에 앉아 하염없이 바다를 바라보고 있다. 마치 옛날 옛적에 유배 온 선비처럼 외로워 보인다. 왜가리는 늦가을까지 머무르다 추워지면 필리핀 쪽으로 날아가는 철새다.

망봉산 둘레길 발아래는 땅이 아닌 절벽해안 바다를 블루카펫으로 깔아 놓았다. 새파란 하늘과 푸른 바다와 은빛 물결, 새소리마저 작게 들리는 '숲섬'에 들어온 듯하다. 잠시 복잡한 일은 육지에 맡겨두고 숲에 집중하는 사이에 가슴이 뻥 뚫린다. 일상을 탈출하고 싶은 꿈을 꾸다가 섬에 와서 섬에 갇혀버리지나 않을까 하던 걱정은 사라진다. 오랫동안 막혔던 내 몸의 혈이 풀리고 피가 돈다. 심장이 정직한 감성을 펌프질하듯 마음에 피를 공급하는 역할을 대신한다.

숲이 울창하다. 섬 전체를 병풍으로 두른 동백나무와 해송, 팽나무를 보면서 나를 깊이 되돌아본다. 햇살 받은 나무는 사람 몸과 같다. 아름드리 곰솔을 안고 귀 기울이면 심장에서 공급받은 마음의 몸에 동맥이 통과하듯 재빨리 움직인다. 숲속에 들어오는 순간 나무 향기는 머리에서 발끝까지 천천히 내려오는 모세혈관처럼 생기를 불어넣는다.

오래된 수로에 쉬지 않고 물이 흐른다. 수종이 다른 소나무와 팽나무가 함께 서 있는 연리지 길을 걸으며 사람과 사람 사이의 길 역시 정다워지기를 바란다. 사방이 바다인 섬에서 레이더망을 가동하듯 천천히 몸을 돌린다. 쭉쭉 뻗어있는 맹종죽 길을 지나 황톳길을 내려오면 탁 트인 모래 해변이다. 섬이 숲이었는데 어느새 다시 바다다.

숲이 섬을 열었다. 생각해 보니 역사는 때로 우리가 인식하지 못하고 있던 것을 남겨주기도 한다. 저도는 역사의 흐름과 맥을 함께 해왔다. 일제강점기엔 군사 기지로 포진지가 설치되면서 길을 내고 배수로를 만들었다. 6·25전쟁 때 연합군의 통신소와 탄약고로 군사지역이었다. 이후로 역대 대통령들의 여름 휴양지로 선택된 곳이기도 하다. 해군이 주둔하는 바람에 일반 시민의 출입과 어로 활동이 완전히 통제되었는데 그 덕분에 숲의 생태가 보존되었다. 섬을 시범 개방하고 숲에 들어온 사람들은 전망대에 서서 바다를 바라보며 역사가 만들어낸 상생협의체라 생각한다.

저도 일대 바다는 이순신 장군이 옥포 해전에서 첫 승리를 거두었던 곳과 가깝다. 임진왜란이 일어났을 때 치열하게 전쟁을 치르며 결코 왜국이 넘볼 수 없는 나라가 되고자 목숨을 내놓고 지켰다. 바다는 고요한 수묵화처럼 묵은 이야기를 저장한 채 말이 없다.

섬에 오기 전에 섬은 바다에 고립되었다고 생각했는데, 사실은 섬이 바다에 고립된 것이 아니라 이쪽과 저쪽을 이어주는 징검다리 같다. 그리고 보면 인간 세상도 고립되어 사람 사이를 자연스럽게 이어주던 섬 같은 징검다리가 사라져 간다. 거제도를 가려면 거가대교를 지나 가덕도에서 대죽도 중죽도를 거쳐 해저터널을 통과하는데 저도 바다 밑이 국내 최초 해저 침매터널 구간이다. 섬과 섬을 잇는 터널과 다리처럼 저도의 숲도 사람을 불러들이며 원만하게 풀어내는 다리라 여겨진다.

한때 나도 건강을 잃고 마음마저 고립되었다. 바다 한가운데 엄격하게 통제된 저도 같았지만, 마음의 빗장을 풀었다. 얽힌 매듭을 풀고 홀가분하게 다시 사랑하는 법을 스스로 훈련하고 있다. 숲이 섬을 이루고 섬이 숲을 안고 있는 저도에서 비로소 평온을 느낀다. 무한 자유롭기도 하다. 열린 섬에는 그물에 걸리지 않는 바닷바람이 앞으로 나아갈 길을 알려준다. 마음의 문을 열면 온 세상 모두가 친구인 것을.

궁농항으로 돌아가는 뱃전에 하얀 물거품이 따라온다. 얇은 파도 사이에 거뭇거뭇한 무엇이 오르내리는데 토종 돌고래 상괭이다. 거제 바닷속을 들락거리는 상괭이는 돌고래와 비슷하지만, 주둥이는 없고 머리가 뭉툭하며 등지느러미도 없다. 서해와 남해에 가족 단위로 모여 사는 웃는 고래라는 별명을 가진 상괭이와 배가 나란히 평행을 이루며 자유롭게 헤엄쳐 나간다. 배와 상괭이가 함께 산다.

이 모두가 두 시간 반 동안 생긴 일이다. 바다와 육지, 섬과 숲 그리고 인간은 각각이 아니라 한데 어우러진 자연이다. 숲은 마음을 열게 해 준다. 섬의 바깥은 바다지만 섬 가운데 숲이 있다. 숲에서 찾아야 하는 건 한 그루 멋진 나무가 아니다. 넓고 깊은 공존의 꿈을 함께 나누며 자박자박 숲길을 걷고 싶은 사람이라면 더욱 그런 숲섬을 찾아갈 것이리라.

되돌아본 저도 하늘에 왜가리 떼가 자유롭게 날고 있다. 섬이 점점 멀어진다. 섬 꼭대기에 푸른 숲이 보일 듯 말 듯 사라진다.

기막힌 순간

"텐! 텐! 텐!"

　여자 양궁선수의 금메달에 이어 남자 양궁선수가 단체 금메달을 따는 순간이다. 연일 폭염으로 더위와 습도가 높아 열대야로 잠을 못 이루는데, 파리 올림픽에서 우리나라 선수들이 획득한 순금 메달 소식 덕분에 기쁘고 고마워서 감동한다. 인류의 역사를 바꾸게 만든 『총, 균, 쇠』처럼 올림픽 '총, 칼, 활' 종목인 사격·펜싱·양궁에서 우뚝 선 드라마 같은 소식을 접한다. 올림픽 소식은 무더위에 절어있던 피곤함을 조금 떨쳐버리게 만든다. 국가대표로 출전한 선수들은 수천만 번의 훈련을 통해 헤아릴 수 없는 고통과 인내심, 끝까지 해보겠다는 고도의 집중력으로 결국 황금밭을 일구어 내지 않았던가. '총, 칼, 활' 분야에서 집중하기와 찌르기, 솎아내기는 선수라면 누구나 겪었을 행복한 고된 과정이라 여길 것이다. 양궁 선수를 보며 그들의 열정기와 권태기, 성숙기를 나의 글쓰기와 견주어 본다.

총, 집중하기

　사격은 집중이다. 공기소총 10m 부분에 역대 최연소 17세 반효진 선수가 금메달리스트로 등극했다. 사격에 입문한 지 3년밖에 되지 않았지만, 결선에서 동점이 나오자, 슛오프 끝에 이겨버리고 한국 올림픽 사상 100호 금메달 선수가 되었다. 강심장을 가진 어린 선수의 열정은 사격 10발을 과녁에 집중하여 자신을 완성한 사례다.

　수필가로 등단한 지 8년째다. 책 한 권을 갖고 싶은 열정으로 시작해 밤새우며 책을 읽고 자판을 두들기며 무엇에 홀린 듯 글을 썼다. 그러나 새 물이 들어오지 않으면 글을 쓸 수 없다는 것을 알게 되어 문학 공부를 시작했다. 얼마 되지 않아 글쓰기보다 과제에 몰입하면서 권태기로 접어들었다. 권태에 빠져 허우적거리다 겨우 뛰쳐나와 다시 글쓰기에 빠져든다. 과녁에 집중하는 사격 선수의 눈빛을 보면서 이 권태로움을 떨쳐내고 새로운 기록을 경신하기 위해 권총을 다잡아야 하지 않을까.

칼, 찌르기

　프랑스가 종주국인 펜싱은 올림픽 1회부터 정식종목으로 채택되었다. 개인전은 3분 3회전 15점을 먼저 내면 승리하는 경기다. 칼에 따라 플뢰레(팔과 머리 제외, 상체만 공격), 에페(결투, 전신 먼저 찌르기), 사브르(상체만 공격, 찌르기와 베기) 3가지 경기로 나뉘는데 선수의 기량과 정신력은 스피드와 전략에서 승부가 난다.

　펜싱은 한순간의 매력이 있다. 벨이 울리면 바로 상대를 겨누면서 찌르고 벤다. 누가 먼저 공격해서 찔렀느냐에 따라 승패가 갈리며 점수가 차곡차곡 쌓인다. 사브르 전에서 칼을 든 순간부터 허투루 찌르는 일은 없다. 역동적으로 빨리 상대를 향해 정확하게 찌르는 선수가 승리한다.

　수필가도 검객이다. 주제에 맞는 적확한 단어를 찾아 문장을 다듬고 정확한 지점에 그 단어를 찔러 넣어 문맥을 살려야 한다. 글쓰기에 왕도는 없다. 빨리 쓰기도 필요하고, 독서 후 내 것으로 새기는 과정도 거치고, 사전을 찾고, 재빨리 단어와 문장을 매만지는 수고를 가뿐히 감수해야만 전문 검객으로 재탄생하지 않을까.

활, 속아내기

한국 양궁팀은 신의 경지에 올랐다고 해도 과언이 아니다. 양궁 국가대표 선발은 나이·연령·경력을 무시하고 오롯이 실력으로만 선발한다. 국가대표 예선전은 올림픽 경기보다 더 어렵다고 한다. 예선 경기를 통해 선발된 선수는 파리 올림픽 경기장과 똑같이 만든 실전 훈련을 한다. 인간의 능력을 넘어선 심장 없는 '슈팅 로봇'과 대결하면서 압박감을 제거한다.

경기장의 바람을 점검하고 실전에서 안정을 느끼는 심박수를 유지하면서 긴장하지 않는 평정심으로 탁월한 기록을 세운다. 대표선수들은 올림픽에서 한 세트도 내어주지 않고 자신을 믿는 성숙기에 접어들었다. 양궁선수를 지켜준 양궁협회는 '지원하되 관여하지 않는다'는 투명하고 부정 없는 룰을 지켜왔다. 디지털과 아날로그가 함께한 배경이야말로 양궁 세계를 십 년 제패할 수 있는 마중물이었다.

올림픽 금메달은 하늘이 만든다는 말이 있다. 대회 당일의 풍속과 선수의 컨디션이 어우러져야 가능하다. 현재 올림픽 신기록을 가진 여자 양궁은 10연패, 남자 양궁은 3연패 세계 정상을 지키고 있는데 그냥 그저 만들어진 실력이 아니다. 우리 민족은 원래 활을 잘 쏘는 민족이며 거기에 초유의 능력을 갖춘 선수들은 10점 과녁에서 멀어진 화살촉을 솎아내며 자신만의 신화를 쓸 수 있는 자부심이 강한 선수들이다.

  글을 쓰려면 글감을 정하고, 개요를 잡고, 초고 내용을 보충하며 다듬고, 불필요한 부분은 솎아내는 과정을 되풀이해야 한다. 주제가 흔들리는 시행착오를 줄이고 수없이 다듬어야 읽을 만한 글 한 편이 완성된다. 내 경우 개요와 초고는 무난한 편인데 충분히 솎아내는 퇴고 과정을 고통스럽게 생각해 왔다. 사유를 정리하는 과정을 소홀하게 여겼고, 글을 완성하려는 열정은 과하지만 성숙하게 다듬어야 할 시간을 권태로 여겼으므로 좋은 글이 만들어지지 않았다. 과녁에서 멀어진 내용을 솎아낸 깔끔한 글이 결국 좋은 작가를 만들지 않을까.

  파리 올림픽에서 획득한 메달을 다시 본다. 비록 내 글이 올림픽 메달권에 들지 않아도 올림픽 대회에 나갈 수 있는 선수로 거듭나야겠다고 생각한다. 글쓰기에 집중하면서 주제를 잘 찌르고 퇴고를 통해 생각을 잘 솎아내는 작가가 되고 싶다. 바로 지금, 이 순간이 나의 열정과 권태를 성숙시킬 수 있는 기막힌 순간이다.

살아남은 사람 모두 곡을 하다

　흔히 시詩로 쓴 역사를 '시사詩史'라 하고, 시는 시대를 비추는 거울이라 하였다. 시 거울엔 동시대 사람들의 바람과 애환이 그대로 반영되어 있다. 시는 방대한 사료로 구성한 어떤 역사물보다 생생한 기록으로 인식된다. 이안눌의 한시 「사월 십오일」은 시인이 직접 보고 들은 상황을 기록해 둔 것이므로 중요한 사료적 가치를 지닌다.

　이안눌(1571~1637)의 「사월 십오일」 시대 배경은 임진왜란 후 이야기다. 「사월 십오일」을 읽으니, 부산에 있는 특별한 역사관이 떠오른다. 2005년 4월 지하철 공사 중 동래 수안역 근처에서 임진왜란 동래성 전투에 희생된 유골과 전투 무기, 유물이 발견되었다. 그때 부산시는 지하철역 개통을 미루고 발굴을 진행하여 2011년 역사관을 함께 개관하였다. 바로 도시철도 4호선 수안역 안에 역사 현장을 그대로 재현한 '동래읍성 임진왜란 역사관'이다.

「사월 십오일」의 내용은 이러하다. 전쟁이 끝난 뒤 이안눌은 선조 40년 동래부사로 부임한다. 어느 날 아침 온 성안이 진동하는 곡소리에 깜짝 놀란다. 늙은 아전을 불러 어찌 된 연유인지 물어보니 음력 4월 15일은 동래성이 왜군에게 함락된 날이라 하였다. 아전은 왜란 때 성안으로 피난 온 백성들이 몰살당해 그날이 되면 살아남은 백성들이 집마다 제사상을 차리며 곡을 한다고 대답한다. 아비가 자식 곡을 하고, 아들이 아비 곡을 하고, 어미가 딸을, 딸이 어미를 곡하는데 이렇게 곡할 사람이 있는 집은 그래도 다행이지만 곡할 사람이 없는 집도 수두룩하다고 아뢴다. 사월 십오일, 그날은 동래성이 함락되고 동래부사가 순절하고 모든 백성이 도륙당해 비참한 날을 되새기는 제삿날이었다.

「사월 십오일」은 동래부사와 고을 아전이 대화하는 구성이다. 아전의 구술을 통해 백성의 울음에 연관해서 당시 참혹한 죽음의 사연들이 낱낱이 폭로된다. 이안눌은 16년 전의 사건을 회고하지만 "이야기 끝까지 듣다못해 / 눈물이 주르르 흘러내리네"라고 중간에 끼어드는 것으로 자기감정을 간단히 표출한다. 그리고 "울어줄 사람 있으면 그래도 덜 슬프지요"라는 아전의 구술로 계속 이어지다가, "온 가족 칼날 아래 쓰러져 / 울어줄 사람 하나 없이 된 집 얼마나 많다고요"라고 끝을 맺는다. 지금 들리는 저 울음소리가 끔찍했던 전쟁을 떠오르게 하여 더욱 비통하고 울음소리조차 슬프고 슬프다는 뜻이다. 집 안의 곡소리가 바깥으로 퍼져나가 여운을 남기며 독자의 마음을 울린다.

수안역 동래읍성 임진왜란 역사관엔 유명한 「동래부 순절도」도 있다. 동래성 전투의 시작과 끝을 한 폭 그림에 담아 「사월 십오일」에 일어난 잔혹한 상황을 짐작케 하는 기록화이다. 임진년 1592년 음력 4월 13일에 왜국 700여 병선이 동래로 물밀듯 밀려왔다. 이틀 사이에 1만 8,000여 왜군에 의해 부산진성과 동래성이 순식간에 함락되었다. 고립무원이 된 동래 부사 송상현과 군민은 끝까지 항전하다가 순국한다. 그림은 동래 읍성을 중앙에 두고 성 내부에 동래부사와 군사들을 배치했고, 성을 겹겹이 둘러싼 왜군들이 동래성을 포위하고 있는 급박한 상황을 묘사하였다. 왜군은 전투에 앞서 "싸울 테면 싸우고, 싸우지 못하겠으면 우리에게 길을 빌려 달라"라고 적은 목패를 전달하였다. 송상현 동래부사가 "싸워 죽기는 쉬우나 길을 빌려주기는 어렵다."라며 항복을 거절하는 그림에는 '길을 빌려 달라'와 '길을 빌려주기 어렵다'고 적힌 작은 팻말이 선명하게 드러나 있다. 항복하면 살려주고 저항하면 다 죽이겠다는 왜군에게 목숨을 잃으면서 저항하는 백성들과 도망가는 군사까지 그린 적나라한 묘사에 소름이 돋는다.

역사의 비극은 가문의 멸망과 함께 개인의 비극을 동반한다. 동래부사는 목민관으로서 백성들의 쓰린 마음을 함께 하며 그 날의 슬픔을 기록하지 않을 수 없었을 것이다.『동악집』에 실린 「사월 십오일」에서 "형제나 자매나 따질 것 없이 살아남은 사람은 모두 곡을 하지요, 이맛살 찡그리며 듣다못해 눈물이 주르르 흘러내리네"라는 구절을 쓴 시인의 심장은 갈기갈기 찢어졌을 것이다. 왜적에게 길을 빌려주지 않아 살아남은 사람 모두가 곡을 하게 되고 하늘도 울고 땅도 울게 만든 참상이다. 세월이 흘렀지만 그 비통함은 문학작품이 되어 후세에 전해지고 마치 지금도 눈앞에 펼쳐진 일인 듯 여전히 우리는 비분강개한다.

동악 이안눌은 시문에 뛰어나 이태백에 비유된다. 정조대왕은 "동악의 시를 두고 갑자기 보면 무미한데 다시 보면 오히려 좋아진다. 비유하면 근원이 샘물이 콸콸 솟아 일시에 천 리까지 쏟아져 횡으로나 종으로나 스스로 문장을 이루네."라며 높이 평가하였다. 동래부사 시절에 남긴 그의 정갈한 시詩가 부산 범어사 대웅전 옆 바위에 남아 있어서 그가 느꼈던 시대의 아픔을 함께 나눌 수 있으니 그 얼마나 다행인가.

  과거 조선은 십만 양병설을 흘려듣고 왜적에 대한 방비를 소홀히 하였다. 그 대가로 국토는 초토화되었고 살아남은 사람 모두가 곡을 했던 그날을 기억하며 한시를 음미하며 그날을 되새긴다. 최근에도 반성하지 않고 역사를 왜곡하며 독도를 자기네 땅이라고 우기는 왜국을 보면서 결코 아픈 역사가 되풀이되어선 안 될 일이다.

  과거와 현재를 이어 미래를 예측할 수 있는 역사를 통해 기록 문학의 진정한 가치를 깨닫는다. 이제 우리는 울지 말고 살아남은 사람 모두를 보듬으며 살아가야 하겠다.

막차

  수영으로 이사 온 후 나들이가 편리해졌다. 동래구에 거주했을 때 버스를 탔는데 수영구 주민이 된 후 주로 지하철을 이용한다. 평소 볼일이 많은 내가 애용하는 수영역은 도시철도 3호선의 출발역이며 종점역이고, 2호선의 환승역이기도 하다.

  나는 오후에 출근하여 막차를 타고 퇴근한다. 동래에서 연산역을 거쳐 종점인 수영역을 0시 20분에 도착하는데 막차를 놓치지 않으려 항상 종종걸음을 친다. 막차를 타기 위해서는 꼭 시간을 확인해야 한다. 그나마 앞차는 여유라도 있어 다음 차를 기다릴 수 있지만, 막차는 제때 타지 못하면 난감해진다. 버스가 끊기고 새벽 첫차까지 5시간 정도 공백이 생겨 할증 택시를 타거나 피시방에 가서 시간을 보내야 한다.

첫차의 반대는 막차다. 새벽 지하철 첫차는 몸을 실은 사람들의 하품이 잠을 몰아내고 피곤을 털어낸다. 일터로 향하는 소시민의 바쁜 하루가 시작된다. 첫차를 타는 것이 생생하게 하루를 연다는 의미라면 막차를 타는 것은 무사히 하루를 갈무리했다는 의미다. 열두 시를 넘기고 다음 날로 이어가는 막차는 알고 보면 첫차보다 먼저 새로운 날을 맞이한다.

막차를 타면 공기가 다르다. 고달픈 직장인이 뿜어내는 알코올 냄새와 종횡무진 뛰어다닌 셔츠에 밴 시큰한 땀 냄새가 섞여 있다. 군데군데 비어있는 좌석 위에는 대낮에 보이지 않던 피곤과 한숨이 고스란히 남아있다. 시간의 무게에 눌려 졸고 있는 사람, 휴대전화만 보는 사람, 골똘하게 생각하는 사람들이 차지한 공간은 시간의 방에 갇힌 공기 같다. 깔끔하게 정리되지 않는 감정과 이성이 축약된 듯 정지된 분위기다.

더러 막차에서 건강미를 느낀다. 뒤숭숭한 하루를 잘 마무리하고 뿌듯해하는 젊은이 얼굴을 보면 축하할 가능성이 있다는 생각으로 희망이 생긴다. 열심히 일한 대가가 좋은 결과를 가져왔다며 소곤거리는 목소리에 힘이 들어가 있어 엿듣는 타인도 흐뭇하다. 시험 기간에는 빼곡히 적힌 노트를 부지런히 보고 익히는 학생들에게 응원을 보내며 '나도 옛날에 그랬었지' 하며 잠시 생각에 잠긴다.

첫차든 막차든 대중교통은 몸이 건강해야 탈 수 있다. 몇 해 전 다리뼈가 부러져 한참 대중교통 이용을 하지 못했다. 자가용과 달리 건강하지 않으면 주변의 힘을 빌려 이동해야 하기 때문에 건강을 잃으면 편리한 지하철도 일순간에 불편해진다.

막차를 탔다는 말은 마지막 차를 탔다는 뜻이다. 무엇이 끝나갈 무렵에 뒤늦게 뛰어든다는 의미와 늦게 뛰어들거나 기회를 잡을 때 막차를 탔다고도 한다. 그리고 보면 막차에는 긍정의 의미와 부정의 의미가 함께한다.

나는 막차 타기를 꺼리지 않는다. 오히려 기회를 잡은 일이라 생각한다. 아침형 인간으로 살다가 저녁형 일을 시작한 지 얼마 되지 않아 처음 막차를 탈 때는 허둥거렸다. 이제는 학생들과 놀면서 시간이 저절로 입력되어 신체 무리 없이 다닌다.

도시철도를 타려면 지하로 내려간다. 목적지에 도착하면 다시 땅 위에 올라온다. 어느 영화에서 지하가 뿜어내는 특별한 냄새를 행주 삶는 냄새라거나 빈곤의 냄새, 외로움과 고독의 냄새, 서민의 냄새로 표현했지만 『나는 지하철입니다』에서 지하철은 매일 같은 시간, 매일 같은 곳으로 향하는 사람들의 이야기를 덜컹거리며 실어 나른다. 삶의 씨앗이 되는 지하철 소음은 우리가 희망과 꿈을 잃지 않고 살아갈 때 위로의 소리가 된다고 그려놓았다. 삶이란 특별한 것이 아니다. 나 역시 누군가가 나를 찾으며 필요한 도움을 요청해 올 때 공존하도록 이어주는 건강한 교통수단을 막차 지하철이라 여긴다. 도시철도는 끈끈한 생명력이 살아있는 도시의 잡풀 같기만 하다.

지상과 지하는 다르다. 지상은 밝다. 일터로 학교로 바쁘게 뛰어다니는 젊은이가 힘을 발산하면서 눈이 부신 햇빛을 두려워하지 않는다. 지하는 어둡다. 나이 지긋하신 어른들이 도시철도를 즐겨 타고, 지하 광장도 그들의 휴식공간으로 자리매김한 지 오래다. 땅 위와 땅 밑을 걷는 다양한 시간과 주름진 표정의 연령대에서 분명한 차이를 느낀다.

가끔 역에 내려 밤바다로 직진하고 싶을 때가 있다. 한 번쯤은 막차의 경로를 벗어나고 싶지만 아직은 그러지 못해 아쉽다. 막차는 일과를 끝냈다는 표면적 목표를 달성하고, 꿈을 이루기 위해 내가 모르는 곳을 가보고 싶은 내면의 목표가 꿈틀거린다. 간절히 원하는 그 무엇은 집을 나서 돌아오기까지 깨닫지 못하고 있다가 예상치 못하는 어느 순간에 찾아와 갈등을 만든다.

"이 열차의 마지막 역입니다."

안내방송이 승객의 귀가본능을 자극한다. 내 귀엔 한밤중이니 얼른 집으로 돌아가 편히 쉬라는 소리로 들린다. 그래야 역무원이나 전동차도 쉴 수 있을 것이다. 승객들이 순식간에 사라지는 텅 빈 종점에 도착한 막차는 멈추었지만, 첫차보다 하루를 일찍 여는 출발점이다.

  막차에서 내린다. 서둘러 역을 빠져나가는 사람들의 걸음걸이가 빠르다. 가까이 있지만 보이지 않는 소중한 것을 찾아가는 사람들의 눈빛이 맑아진다. 세상살이가 쉽지 않다는 이치를 깨달은 사람들은 지상을 향해 계단을 오른다. 나는 매일 비상하는 새의 날개를 단 양 15번 출구 에스컬레이터 위에서 힘차게 새 날을 연다.

문학치료로 만난 김순경의 『검은 꽃』

들어가면서

문학 창작과 수용 행위는 우리 삶에서 형용할 수 없는 보탬이 된다. 특히 수필 문학은 수사학적 공간 내에서 움직이는 것보다 현실에서 더 큰 실제 효과를 보인다. 수필의 창의적인 글을 이해하려면 독서 전후의 심리 변화를 면밀히 관찰하는 것이 중요하다. 독서를 통해 문학이 개인의 감정과 사고에 미치는 긍정적 영향을 집중적으로 살펴볼 필요가 있다. 문학치료의 관점으로 보는 수필집『검은 꽃』에서 개인의 정서와 심리적 변화를 살펴보고자 한다.

지난해 부경수필 문우들이 출간한 수필집은 21권이다. 그중 김순경의『검은 꽃』에 마음이 쏠렸다. 굳이 작가와의 개인적 친분을 말하자면 2016년 8월 같은 날에 등단한 동기라는 점이다. 나는 등단 이후 그의 깊이 있는 글과 행보를 유심히 지켜보았다. 수필 한 편마다 끈기와 결단력이 묻어났다. 그는 자신과 대결하는 수필가의 모범이며 글의 '뜸'을 잘 들이는 작가라 할 수 있다.

　작가는 울산에서 태어났다. 부지런한 그는 등단 십 년 안에 수필집 다섯 권을 내겠다는 목표를 가지고 있었다. 1집 『대리 별곡』은 고향에 대한 그리움을 풀었고, 2집 『모탕』은 가족애가 대히트를 쳤으며, 3집 『고주박이』에선 낯선 소재를 찾아내어 실력 있는 작가로 자리매김하였다. 4집에선 판소리를 주제로 한 『시김새』를 발표한 이후 5집 『검은 꽃』까지 세파에 흔들리지 않는 굳건한 수필가가 되었다. 그는 공모전에 강한 문체를 자유자재로 구사하며 경남신문신춘문예 당선, 포항스틸에세이 대상, 등대문학상, 포항소재문학 등을 수상하였다. 아르코발표발간지원에도 선정되어 독자들이 믿고 읽을 수 있는 성실한 수필가로 인정받고 있다.

　『검은 꽃』은 작가의 인생 고백서다. 사소한 애증의 서사보다 따뜻한 포용의 자세가 들어있다. 인생 고비마다 피하지 않고 우직한 소처럼 견디며 걸어가는 그의 작품을 통해 문학치료의 가능성을 만날 것이다.

펼치고

    쇼펜하우어는 "어차피 남들은 나에게 관심이 없다."라고 하지 않았던가. 작가는 묵묵히 자신의 길을 찾아가는 사람이다. 그의 의식 밑바탕에는 진솔한 가족애와 성장 이야기, 그리고 사회적 시련을 열정으로 이겨낸 사유가 진하게 깔려 있다.

    『검은 꽃』의 주요 테마는 '삶의 고통과 희망' '사랑과 치유'이다. 충문당 후손으로 태어난 한 남자가 손자, 아들, 남편, 할아버지로 이어지는 가문의 4대 서사를 써 내려간다. 어린 소년은 청장년으로 성장을 거듭한다. 우리나라 경제 산업 전반을 구축한 시기에 공업고등학교를 졸업한 후 용접공으로 일했던 시절, 대기업에 근무하며 힘들게 공학박사 학위를 취득한 이야기, 최근 명예교수로 퇴직한 일화는 그의 수필에서 서사의 힘을 발휘한다. 그는 「농막」, 「노을에 젖다」, 「마지막 그림」 등에서도 감정에 휘둘리지 않고 담담하게 서술한다. 판소리를 배우며 소리꾼이 되어가는 과정을 아는 독자라면, 쉼 없이 달려온 한 남자의 이야기에 자연스럽게 귀를 기울이게 될 것이다.

유년시절 하루의 시작은 비질이었다. 어둠이 채 가시지 않은 마당을 쓸었다. 눈물 같은 이슬이 줄줄이 맺혀있는 풀잎을 깨우고 서리가 눈처럼 내리는 초겨울 여명도 빗자루로 쓸어냈다. 개 짖는 소리마저 잠자는 듯한 조용한 마을의 쓰레질은 새벽을 여는 진언 같았다. 밤새 찾아 들었던 넋이 놀라지 않도록 스치듯 땅을 긁었다. 이승에서 미처 다하지 못한 한풀이를 하듯 흩트려 놓은 세상을 갓밝이마다 쓸었다.

-「비질」28쪽

「비질」을 읽으면 바로 '글은 곧 사람이다'는 말이 떠오른다. 이 부분은 비유의 문장으로 서정성이 돋보인다. 그는 어릴 적부터 부지런한 품성을 지녔고 집안에서도 순연한 자세로 노동의 책무를 다했던 작은 일꾼이었다. 어둠이 채 가시지 않는 새벽에 일어나 마당 쓸던 비질에서 '눈물 같은 이슬', '눈처럼 내리는 여명도 쓸어내는', '새벽을 여는 진언 같은 한풀이 하듯', '흩트려 놓은 세상을 쓸었던' 근면 성실했던 소년의 체험이 문장 곳곳에서 우러나온다. 그중 '여명'의 중복을 피하고자 '갓밝이'로 교체했고, 글 전체에서 단어와 문장, 문단마다 정성 들여 퇴고한 흔적이 엿보인다.

영혼을 찾아 헤매는 미망인처럼 밤새 사방을 두리번거린다. … 구의 새벽은 고깃배를 연다. … 등대는 뱃길을 알려주는 표지등이다. … 등대를 처음 본 것은 고등학교 때였다. … 이듬해, 가을 졸업을 앞두고 등대가 보이는 조선소에 용접공으로 취업했다. … 용접공의 삶은 녹록지 않았다. … 주말마다 집에 갔다. … "할만 하드…나?"… 할아버지는 말씀이 별로 없었다. … 끝모르고 가세가 기울었다. … 그때였다. … 떨리는 음성이지만 단호했다. …할머니는 날이 새기가 무섭게 대문을 열고 마당부터 비질했다. … 등대지기가 없으면 등대도 없다. … 등대지기가 바닷길을 지킨다. … 세월이 지나 그 등대지기는 비로소 등대가 되었다.

- 「등대지기」 44~50쪽

「등대지기」에서 각 문단 첫 문장만 뽑아보았다. 그의 글은 가족 유대감이 강한 편인데 특이하게 할머니와 어머니 이야기가 많다. 손자 입장에서 보는 할머니 사랑은 이루 말할 수 없는 해묵은 그리움이다. 그는 등대가 보이는 곳에서 조선소 용접공으로 취업한다. 작가는 백 년 전 세워진 동해안 최초의 울기 등대를 바라보았던 기억이 난다. 훗날 망망대해를 비추는 등댓불을 보며, 작가는 등대가 집이었다면 등대지기는 할머니였음을 훅 깨닫는다. 할머니는 작가의 성장 바탕에 든든한 조력자였고, 작가의 인생 불이 꺼지지 않게 지켜준 희망의 등대로 거듭나는 점에서 불안이 희망으로 변하는 치유의 글이다.

「검은 꽃」은 기계공학을 전공한 작가가 '쇠'를 주제로 쓴 글이다. "무쇠솥 하나가 검은 녹을 뒤집어썼다."라는 문장으로 시작해 작가는 철의 역사를 탐색한다. 어릴 적 고향 뒷산 방치된 무덤에서 도굴된 도끼와 창을 떠올린다. 그는 포항 포스코의 고로에서 쏟아져 나오는 쇳물을 보며 검붉은 용광로의 뜨거운 열기가 고체로 변해버린 검은 산화 피막을 형성하는 모습을 보고 검은 꽃이라는 상징을 떠올린다. 이 글은 생에 대한 사유를 확장하며 깊이 있는 표현을 통해 서사와 서정, 상징과 은유가 돋보이는 뛰어난 수필이다.

「초보 고수」는 그가 판소리를 시작한 지 다섯 해가 지나 북을 안고 북채를 잡는 이야기다. 수준급 판소리로 가락을 뽑았던 그가 박자를 맞춰 북 치는 고수에 도전한다. 고수는 있는 듯 없는 듯 장단을 맞추며 여백을 만들어 감정이입의 공연을 만들어야 한다. 힘이 들어간 초보 고수의 자세에서 '버려야 채울 수 있다'는 평범한 역설을 배운다. 소리꾼, 고수, 글쓰기는 모두 같은 원리가 적용된다. 힘을 빼야 오래 기억된다는 깨달음을 얻어가는 과정이 솔직하게 담겨있다.

「묘박지에 피는 꽃」은 첫 문장은 깔밋하다. 마치 김훈 소설의 첫 문장처럼 신선하다. 인생을 통달해야 쓴다는 간결한 문장과 닻을 내린 배에 생명을 부여한 활유가 돋보인다. 작가의 최대 장점은 제목과 소재, 주제 선정에 신중히 처리하면서 문단 전개와 사고를 자유자재로 확장해 나가는 기술이다. 그리고 직장인으로서 느끼는 비애와 자기 고백으로 쓴 「독살」, 「줄 타다」, 「종풍」, 「퇴근」, 「역류」도 손꼽는 글이다. 작가가 자주 쓰는 문장을 찾아보면 '세월이 모든 것을 풀고 지운다', '세상 어디에도 영원한 것은 없다', '세상 만물은 한곳으로 돌아간다', '찾아오면 받아주고 떠나도 미련 두지 않는다' 등의 구절이 있다. 이러한 문장은 세상살이에 얽매이지 않고 달관한 경전의 아포리즘을 연상시키며 남다른 격을 느끼게 한다.

나가기

나는 환갑을 넘긴 나이에 문학치료학을 공부하고 있다. 나도 등단 후 십 년 이내 수필집 세 권을 내겠다는 목표를 세웠고, 올해 그 목표를 무사히 완성할 예정이다. 그동안 수필을 쓰면서 사유의 부족으로 우울을 느꼈고, 문학적 표현의 어려움 때문에 불안에 휩싸이기도 했다. 그래서 오랫동안 궁금하게 여겼던 문학치료의 길을 찾아 나섰다. 생계가 위협받을 정도의 가난한 시기의 인간은 문학 치유의 감정을 얼마나 느낄 수 있을까? 정신적 위안보다 의식주가 어느 정도 해결된 후에야 문학 치유가 확장되지 않을까 하는 의문이 들었다. 그런데도 내 마음 한쪽에선 가난하거나 몸이 불편하더라도 문학의 즐거움은 카타르시스를 통한 자기 치유가 우선이라는 생각이 들었다.

작가가 살아온 날에는 시간의 무게를 이겨내고 열정의 무게도 견뎌내면서 교수, 작가, 소리꾼으로서 인내의 시간을 허투루 허비하지 않았던 족적이 가득하다. 그는 대상과 사물을 새롭게 보려는 좋은 눈을 가진 작가다. 그가 쓴 글 한 편 한 편은 자기 치유와 위로가 되었을 것이다.

이 책의 매력은 기발한 재미로 술술 넘어가는 책이 아니라 오히려 슬픔을 바깥으로 흘려보내고 위로는 안으로 스며들게 하여 깊은 감동을 준다. 수필 입문 신입자에게 수필 등대의 길라잡이가 될 것이며, 독자에겐 자신의 삶을 되돌아보며 내면의 아픔을 치유하는 계기가 될 책이다.

『검은 꽃』의 김순경은 지금까지 훌륭한 삶을 살아왔으며, 앞으로 더욱 빛날 수필가다. 그는 무한한 자연 속에서 유한한 인간의 아픔을 절절히 담아내는 "수필에 도가 튼 작가"다. 나는 자신의 행복을 찾아가는 등단 동기에게 소신껏 살아온 인생에 후회가 없다는 가사가 담긴 프랭크 시나트라의 「My Way」를 선물하고 싶다.

나무 실패

어머니를 모신 봉안당 기간을 마지막으로 연장했다.
어머니가 돌아가신 지 어느덧 26년째다.

25년 전, 애달픈 봄밤에

엄마가 급성심근경색으로 돌아가셨다. 그날 나는 시아버지 기일이라 정신이 없었다. 엄마는 119구급차를 타고 대학병원 응급실에 도착했지만, 심장이 멎었고, 결국 자식 중 아무도 임종을 보지 못했다. 엄마의 마지막 임종은 셋째 언니 딸인 고3 조카가 지켜주었다.

그때부터였다. 자식들은 고통스러웠다. 특히 큰오빠는 장남의 무게를 느끼며 말을 잇지 못했다. 언니·오빠들이 병원에 도착하는 사이 장례식을 준비하던 큰오빠는 수척해지고 있었다. 급히 연락받고 뛰어온 친인척과 학교 친구, 직장 동료 등 손님을 맞이하느라 정신없던 오빠에게 삼일장은 가슴이 쓰리고 아픈 고통의 시간이었다.

  큰오빠는 일곱 동생이 모이자 입관을 서둘렀다. 이승의 마지막 길을 떠나는 엄마에게 고운 옷 한 벌 입혀드리는 시간. 엄마는 깊은 잠에 빠진 모습이었다. 장의사는 몸이 말랑말랑한 엄마의 몸 구멍을 찾아 솜으로 꼼꼼하게 막고 노란 수의를 입혔다. "엄마" 하고 부르면 바로 일어날 것만 같은 착각이 들었다. 화사한 분장으로 얼마 얼굴에 생기를 불어넣은 장의사가 무심히 한마디 툭 던졌다. 참 곱게 돌아가셔서 다행이라고. 밖엔 꽃비로 내리는 벚꽃이 아름다웠다.

더 이상 답을 주지 않고

  엄마에게 물어보았다. 엄마는 일본 어디에서 태어났고, 학교 다닐 때 꿈이 뭐였는지, 엄마 특기는 무엇인지, 자식이 많으니 빨래나 바느질, 이불 꿰매는 데 힘들지 않은지, 자식 중에 누가 제일 마음에 드는지, 엄마는 아버지의 어디가 좋아서 결혼했는지, 만약에 자식에게 물려줄 것이 있다면 무엇인지…. 어릴 적에 쓸데없는 질문을 많이 했던 아이가 바로 나였지 싶다. 엄마는 대답하기 곤란한 질문은 나중에 공부하면 알 수 있다거나 그림을 그려주면서 답해 주셨다. 그때 나는 바느질을 잘하고 싶어서 엄마의 반짇고리에 담긴 나무 실패에 욕심을 내었다.

나는 반대한다

장례는 삼일장으로 묘지를 쓰지 않고 화장하는 것이 좋겠단다. 이유는 간단했다. 엄마보다 먼저 돌아가신 아버지가 화장했으니 형평성 논리로 따진다면 엄마도 화장해서 뿌리는 게 옳지 않겠냐고 큰오빠가 설명하였다. 봉안당에 모시면 숙제가 남는데 다들 멀리서 살고 있으니 부담스럽지 않을까, 오히려 엄마를 자유롭게 훨훨 보내드리는 게 최고의 방법이 될 수 있다며 화장하는 쪽으로 동의를 구했다. 일제히 언니·오빠들이 고개를 끄덕였다. 큰오빠는 특유의 너그러운 표정으로 동생 얼굴을 바라보았다. 장례가 끝나면 각자 사는 곳에서 종종 만나는 사이가 될 것을 짐작하고 생각에 잠겼다. 둘째 셋째 오빠는 말이 없었다. 네 명의 언니는 오빠들 눈치만 보았다. 이제까지 엄마는 형제를 이어주는 끈이었고 고향이었는데 형제를 잇는 끈이 없어지는 셈이었다. 큰오빠가 잘 생각해 보자는 말을 남기자마자 나도 모르게 소리쳤다.

"오빠야, 나는 반대한다. 우리 엄마 봉안당에 모시자."

나는 언니·오빠의 야박함을 원망하며 펑펑 울었다. 화장은 찬성하는데 산에 뿌리는 건 반대라고 난리를 치기 시작하였다. 내가 보고 싶을 때 언제라도 볼 수 있어야 한다고. 언니·오빠들은 엄마를 본 세월이 많지만 나는 막내라서 억울하다고. 엄마를 오래 보고 싶다며 울면서 고집을 부렸다. 대학병원 영안실이 떠나가도록 우는 바람에 언니·오빠가 두 손 두 발을 들었다. 큰오빠가 난감해하며 가족회의를 다시 시작했다. 결국 막내에게 엄마와 이별하는 유예의 시간을, 봉안당이 정해 놓은 조건을 충분히 누릴 수 있도록 흔쾌히 양보해 주었다.

"막내야, 엄마가 보고 싶을 때 언제든지 만나러 가레이."

나중에 자세히 알아보니 봉안당은 5년마다 재계약이 가능하고, 총 6회 최고 30년까지 연장할 수 있었다.

장남 오빠의 눈물

키 크고 잘생긴 인물에 반듯한 성격, 공부도 잘하는 똑똑한 장남은 엄마를 기쁘게 만들었다. 오빠와 정반대로 엄마에게 가장 힘든 자식은 나였다. 건강하지 못했던 나는 언제나 엄마의 아린 손가락이었다.

해마다 봄이 오듯 엄마 기일 역시 변함없다. 살아있는 자식들이 만나서 정을 나누지만 생업을 핑계로 제사에 참여하지 못했던 나는 27년을 유일하게 모정을 독점하며 누려왔다. 그러나 큰오빠는 온전히 안심하지 못했을 것이다. 오빠는 5년마다 계약 갱신을 위해 혼자 부산에 왔다 갔는데 가까이 사는 내가 갱신하겠다고 해도 장남 의무라며 거절해 왔다. 엄마가 진실로 염려한 당신의 핏줄들도 엄마를 그리워하였고 휴가나 명절이 되면 영락원에 입주한 엄마를 찾아왔다. 세월이 흐르자 언니·오빠도 나이를 먹고 늙어간다. 차츰 엄마를 위한 사랑하는 마음마저 과거형이 되어간다.

큰오빠가 몇 년 전부터 요양병원에 거주한다. 엄마 유골함을 깔끔하게 정리하고 싶은 큰오빠 처지를 생각하면 눈물이 절로 난다. 우리의 물리적인 시간은 정해져 있건만 장남의 눈물은 막내인 내 눈물과 전혀 다른 특별한 눈물이다. 엄마가 좋아했던 장남이 자꾸 미안하다고 한다. 내가 더 미안한 일인데.

목화실 운명

시간은 공평하다. 하지만 누군가에게는 특히 행복하거나 고통스러운 순간을 제공하기도 한다. 큰오빠와 내가 함께하는 30년 세월은 돌아가신 엄마를 기억하라는 신이 내려준 특별한 기회가 아니었을까.

  오래전 아버지가 돌아가셨을 때 큰오빠는 아버지의 유품에서 가족의 출생이 적힌 수첩과 서랍이 달린 나무함을 보관해 왔다. 오빠가 그 수첩과 나무함을 나에게 주고 싶다는 뜻을 비친다. 내가 글을 쓰고 있다는 이유로.

  엄마가 돌아가셨을 때 나는 유품 중에 굵은 목화실을 감았던 손바닥 길이의 나무 실패를 선택했다. 엄마와 내가 수십 년을 이어 사용한 실패다. 큰 이불을 꿰매거나 작은 단추를 달면서 엄마 손때가 묻은 실패를 좋아하는 마음으로 보며 매만진다.

  엄마와 나 사이에 흐르는 시간은 모녀로 만난 인연처럼 목화실 같은 운명처럼 충분하지 않았을까. 그동안 기억 속에 접혀있던 언니·오빠의 진술과 내가 간직해 왔던 기억의 조각에 흔들리지 않으려 하얀 실을 풀어 다시 나무 실패에 감아본다. 이별의 아픔엔 세월이 약이라는 말은 거짓이 아니지만, 정답 또한 아니리라. 언니·오빠는 막무가내로 떼쓰던 막내를 아껴주었으며 큰오빠가 건네주려는 아버지 유품을 받아야 할 때가 점점 다가오고 있다는 것을 나는 알고 있다.

  고마운 혈육의 끈을 이어준 어머니의 따뜻한 사랑이 눈부신 봄 햇살로 내려오는 중이다.

역사가 퀴즈를 만났을 때

 십여 년 전 일입니다. 여고생이던 딸아이가 KBS「도전! 골든벨」 퀴즈 프로그램에 참여한 적이 있습니다. 학교에서 녹화했는데 학부모도 참관했습니다. 청소년 백 명이 참가하여 오십 문제를 푸는 퀴즈 대결은 단순히 일등을 뽑는 데만 중점을 두는 것이 아니었습니다. 골든벨 문제를 풀어가는 과정에서 청소년의 재치와 생각을 알아보려는 의도를 가진 꽤 진지한 방송이었다고 기억합니다.

 애초에 딸아이는 상식 문제를 맞히지 못해 탈락했다가 패자부활전에 간신히 살아남았습니다. 하지만 몇 문제를 맞힌 후 또다시 탈락하고 말았지요. 초반에 탈락한 여학생들은 슬픈 기색을 감추고 온종일 녹화방송을 즐겼습니다. 방송에 참여하는 사람들은 젊은이의 맑은 기운과 발랄함에 묻혀 축제 같은 날이었습니다.

긴긴 여름 해가 이문세의 「붉은 노을」을 리메이크한 빅뱅의 「붉은 노을」처럼 발갛게 물들고 있습니다. 유일하게 살아남은 여학생이 49번 문제를 통과했으니 이제 골든벨 마지막 문제 하나만 남았습니다.

"이 책의 이름은 무엇일까요? 제시문을 잘 듣고 책 이름과 지은이를 답판에 적어 주십시오. 일제강점기에 살았던 '그'는 이 '책'에서 역사란 아我와 비아非我의 투쟁의 기록이라는 말을 했습니다. 아我는 우리 민족이고 비아非我는 다른 민족을 지칭하는 말입니다. 아我와 비아非我의 투쟁 기록은 서구 제국주의 이데올로기에 의해 기존 동아시아의 유교적 도덕 윤리가 무너진 상황이었습니다. 우리 눈앞에 낯선 모순 상황에 맞서야만 생존할 수 있으며 세상 만물의 투쟁적 관계를 역사가 발전해 가는 방식이라 이해하는 태도입니다. 그러나 이 책의 서술 목적은 약자인 내가 강자에게 강탈당하는 현실 불합리한 상황을 인정하고 그 원인이 비극적인 약자의 역사에 있다고 고백하는 것이 아닙니다. 오히려 그렇게 통용된 역사에 대한 정의를 고쳐 대대로 우리는 타민족과 대등한 입장에서 싸웠던 투쟁의 역사였다는 자주적 주체 의식을 강조하기 위함입니다. 그는 우리 고대 역사를 주체적으로 인식하며 중국의 역사서에 실린 내용을 재조명하였습니다. 과연 이 책을 지은 '그'는 누구이며 '책'의 이름은 무엇일까요?"

"하나 둘 셋, 답판을 들어주세요." 하는 진행자 말에 문제가 어려운지 학생은 거의 울상입니다. 골든벨 종소리가 울리길 고대하던 사람들이 머리를 갸웃거리며 책 이름이 뭐지? 하고 웅성거릴 뿐. 정답은 들리지 않았습니다. 초조한 몇 초, 시간이 흘렀습니다. 여학생은 어두운 낯빛으로 답판을 들었습니다. 오호 통재라! 한숨 소리가 강당 천장을 뚫고 하늘까지 올라가 닿을 듯했습니다. 백지 답안이었습니다.

골든벨 문제의 정답은 일제강점기에 '신채호'가 지은 『조선상고사』입니다. 저도 그때 지은이와 제목만 어렴풋이 알고 있었을 뿐 내용은 완전히 알지 못했습니다. 세월이 흘러 지금 제가 읽고 있는 『조선상고사』는 교과서에 실린 역사의 보충 설명서 같은 느낌이 듭니다. 단군 시대부터 백제 멸망과 부흥 운동을 다루었고, 특히 중국과 대결했던 고대 역사를 가져와 식민지 조선의 독립을 갈망하는 투쟁 의지를 강화하려는 목적이 있습니다. 작가가 신라 위주의 『삼국사기』와 달리 중국 역사서의 잘못을 지적하면서 작가는 우리 고대사를 새롭게 썼습니다.

  단재 신채호 선생은 일제강점기 사학자이며 독립운동가, 언론인입니다. 충남 대덕에서 가난한 농부의 둘째 아들로 태어나 향리에서 전통적 교육을 받았습니다. 열아홉 살, 성균관에 입학한 그는 사회 변화와 시대 의식에 관심이 매우 높았지요. 동학들과 새로운 사조와 신학문에 토론하여 밤을 지새웠습니다. 현실을 직시하려고 노력했던 그가 『조선상고사』를 서술한 목적은 세계 역사에 대한 정의를 고쳐서 약자였던 우리도 대대로 타민족과 대등한 입장에서 싸웠던 투쟁의 역사가 있었다는 것을 말하고 싶었습니다. 그는 언론의 힘을 통해 주체 의식을 강조하며 김부식이 쓴 『삼국사기』에 고구려 존속 기간이 705년이 아니라 900년으로 정정해야 한다고 주장했습니다. 그는 중화中華 의식 아래 결코 조선이 소중화小中華의 역사를 가진 나라가 아니라는 진실을 알았습니다. 『조선상고사』는 세상의 중심을 전복시키는 강력한 서술입니다.

  우리의 역사는 우리가 잘 알고 지켜내야 합니다. 에드워드 앨런 카의 역사의 정의가 떠오릅니다. "역사란 역사가와 사실들의 지속적 상호작용의 과정이자, 현재와 과거의 끊임없는 대화"라고 했습니다. 역사는 과거에 있었던 사실을 기록한 것이지만, 과거에 있었던 모든 일이 역사가 되는 것은 아니지 않습니까. 어느 역사가는 역사란 '과거에 있었던 사실'과 그것과 관련한 '역사가의 해석'이 더해지면서 역사가 된다고 하였습니다. 우리 역사가 진실이어야 하는 마음을 숨길 수 없습니다.

고려의 승려 일연은 군위 인덕사에서 『삼국유사』를 집필하였습니다. 그는 부여의 역사를 재구성하고 고구려의 시조 주몽과 동부여, 낙랑국을 언급하였습니다. 신채호는 『조선상고사』에서 한 무제가 위씨조선을 점령하고 한사군을 설치했다는 설에 반론을 제기하면서 백제와 육 가야, 신라의 건국을 다루었습니다. 고대 원시 조선족의 분포를 추적하면서 조선족의 '아리라'라는 유래를 들어 조선의 시작을 부여로 지목하였지요. 농업을 시작하며 불火을 사용하던 지역이 중국 하얼빈-옛 부여의 위치로 조선족이 개척했던 최초의 야지野地라고 밝혔습니다. 제사 지내는 제단인 소도蘇塗는 조선족의 신앙이자 공동체를 상징합니다. 단군신화를 소개하며 각 수두에 '단군'이라는 통치자, 우두머리의 대단군을 알려줍니다. 태백산 신단수는 우리가 알고 있는 박달나무가 아니라 소나뭇과 가문비나무라고 말합니다.

신채호는 고구려와 수나라의 전쟁에 관한 내용과 수나라 문제의 무례한 사실이 『삼국사기』에 보이지 않는 이유는 존귀한 자의 잘못이나 수치는 감춘다는 중국 역사가들의 춘추필법을 알아야 읽을 수 있다는 '수서' 때문이라는 것을 강조했습니다.

역사는 알면 알수록 흥미롭습니다. 『조선상고사』를 진지하게 읽습니다. 『삼국유사』를 쓴 승려 일연의 열린 생각을 지켜보고, 「동명왕 편」에서 단군신화를 용기 있게 선보인 이규보의 자존심을 존중합니다. 춘원 이광수는 「대한매일신보」의 주필이었던 신채호가 초라한 샌님이었지만 고개를 빳빳이 든 채로 세수하며 옷이 물투성이가 되었을망정 함부로 고개 숙이지 않는 소신을 갖춘 인물이라고 평가하였습니다.

『조선상고사』는 완벽한 역사서는 아닙니다. 일제강점기라는 특수한 시기에 독립을 목적으로 쓴 책이므로 우리 민족적 편향성과 시대적 이념 개입이 불가피한 점도 분명 있을 것입니다. 참고한 사료 역시 확실한 검증을 거치지 못했을 수 있고, 더욱이 현재 우리가 알고 있는 역사 지식과는 다른 용어나 부정확한 연대, 영토 범위에 관해 서술이 다를 수도 있을 겁니다.

최근 일본은 일본 교과서 검정법을 만들었습니다. 우리나라의 입장을 무시하고 노골적으로 '독도는 일본 땅'이라 주장합니다. 역사 왜곡에 대처하는 우리의 방법은 미미하여 돌아가신 신채호 선생도 분개하여 벌떡 일어날 일이지만 역사 왜곡이 비단 그것뿐이겠습니까. 민간외교 단체 반크 회원이 전 세계를 대상으로 '일본해' 표기를 찾아 대한민국 '동해'라고 바로잡고 있습니다. 이 시점에 우리 역사는 진실 왜곡의 오류라는 배를 타고 힘없는 미래로 끌려가고 있으니 답답합니다. 주변국들의 역사 왜곡의 예도 상당합니다. 탐욕적인 중국의 동북공정이 그러하며, 중국 공산당이 행하는 위구르족 강제 이주 정책으로 소수민족을 인종과 종교를 빌미로 행하는 탄압으로 소수민족을 와해시키며 학살까지 서슴지 않습니다. 약소국은 여전히 수난을 당하고 소수민족은 자국 영토와 자국민의 생사 기준을 명백하게 지키기가 쉽지 않은 현실입니다.

　우리나라는 예의와 염치를 갖춘 민족입니다. 국제사회에서 결코 만만하게 보는 나라도 아닙니다. 도쿄 올림픽 한국선수촌에 이런 플래카드가 붙었습니다. "신에게는 아직 오천만 국민의 응원과 지지가 남아 있사옵니다."라는 문구에서 전쟁과 정치 이념이 개입되지 않아야 하는 올림픽 정신을 생각하면 정신이 번쩍 듭니다. 제 발 저린 일본의 반응 덕분에 다시 붙인 "범 내려온다."라는 문구는 더욱더 압권이었습니다. 조선호랑이로 그려진 우리나라 지도에 일본이 깜짝 놀랄 독도까지 떡하니 존재하고 있었으니까요.

오래전 퀴즈에서 만난 『조선상고사』를 통해 주체적 역사관을 정립해야겠습니다. 우리가 역사책을 읽는 이유는 민족의 주체성 회복을 위해서이고 현실적 행동이 필요한 때라고 인식하기 때문입니다. 『조선상고사』는 해방 이후 남북한의 역사학계에서도 수용하였고 우리 상고사를 새로운 시각으로 접근한 역사서이기에 영토 분쟁과 역사 전쟁이 끊임없이 일어나고 있는 오늘날, 반드시 한번 읽어보기를 권합니다. 대한민국의 상고사와 현재의 역사는 올바른 인식을 갖추고 올바르게 써야 합니다. 아我와 비아非我의 투쟁의 역사를 일깨우는 『조선상고사』엔 여러 종류의 묵직한 울림이 담겨있습니다.

이제 우리 역사를 퀴즈에서 만날 때 정답과 내용은 알아야 하지 않을까 생각합니다.

제3부

진묘수

구두에 대한 예의
온천천에 반하다
진묘수
시대를 엮는 사전
오빠의 강江
희곡으로 인생을 논하다
선善을 말하다
문학을 사랑한 남자

구두에 대한 예의

 좋은 신발이 좋은 곳으로 데려다주지 않는다. 슬픔이 내 몸을 찢고 나간 지 이십 년이 흘렀는데 보호막 없이 거친 세상으로 나갈 수가 없다. 봄꽃이 어김없이 피어나지만, 나의 봄은 아직 오지 않는다. 아파트 정문엔 신발 한 켤레의 땅을 차지하고 담백한 꽃을 피운 벚나무를 바라본다. 이 세상에 그저 오는 것이 있을까.
 TV 홈쇼핑 채널에서 구두 판매 중이다. 쇼핑호스트의 경쾌한 목소리가 거실 공간을 점령한다. 검정 파랑 분홍색 구두 사이에 어쩐지 노란 구두에 눈길이 멈춘다. 그래 맞아, 구두 없이 산 날이 많았지. 구두를 신지 못한 날을 한탄하기보다 두 다리가 건재한 사실만으로 위안을 삼아왔다. 원하는 구두를 제대로 신지 못하는 사람이 어디 나만 있겠는가. 누구는 불현듯 찾아온 너덜너덜한 질병으로, 누구는 길고 긴 실직의 아픔으로 낡은 신발조차 신고 나가지 못하는 비정한 시간을 견뎠을 것이고, 누구는 온전한 제 길을 걷지 못하고 낯선 에움길에서 헤매는 일이 허다하건만 자세히 말하지 않으면 아무도 모를 일이다.

"골다공증입니다."

건강검진 결과를 보러 갔을 때 담당 의사는 심각한 표정을 지으며 병명을 알려주었다. 과거 병력을 되돌아보면 아마도 이 병은 이십 년 전부터 진행되었을 것이다. 발목이 약간만 삐끗해도 골절이 생긴 근거를 찾아보면 아무리 조심하고 사뿐사뿐하게 걸어도 어쩔 수 없이 생길 일이었다. 뼈가 부러지는 공포가 일정한 주기로 끈질기게 따라다녔지만 그래도 발목 깁스가 오히려 내 뼈를 붙이려고 돌봐주는 듯 오래 감싸고 있었다. 육 주 만에 깁스를 풀고 육 개월 재활치료가 끝나자마자 편안한 구두를 찾아보기로 했다. 신발장을 열어젖히고 구두를 정리하기 시작하였다.

얼마 전, 머리가 허옇게 센 구두 수선가게 사장님이 헌 구두를 새 구두로 변신시켜 줄 테니 가져와 보라고 하셨다. 구두에 대한 예의로 말하자면 새것도 좋지만, 낡은 구두를 고쳐 신는 것은 자신의 마음을 일으키고 나라 경제를 살리는 비결이란다.

그러면서 당신은 베트남 참전 국가유공자라고 밝혔다. 고엽제 후유증을 앓고 있지만 잘 견디며 살아왔다는 사장님의 알뜰한 솜씨를 믿어보기로 했다. 오래도록 신발장에서 나온 적이 없었던 묵은 구두 몇 켤레를 맡겼다.

구두 수선 컨테이너 박스 앞 보도블록 틈새엔 노랑 민들레와 보라 제비꽃이 제법 잘 어울린다. 마치 행복과 불행이 번갈아 움직이다가 불쑥 불행이 끼어들어 인생의 흐름을 바꾸기도 하는 것처럼 생의 승부는 거창한 것이 아니었다는 생각이 들었다.

잠깐, TV 화면을 응시하며 행운이 될 법한 민들레 색깔 구두 한 켤레를 나에게 선물하기로 작정한다. 타인은 지옥이라는 말을 기억하며 타인의 이목에서 벗어날 노력을 멈추고 스스로를 공손하게 대하기로 한다. 흔히 자기를 낮추고 어른을 공경하는 말 표현이 공손한 말이라 한다. 그것을 행동으로 나타내는 것이 절하기다. 우리가 평소 행하는 전통 절은 무릎을 꿇고 앉아 절하는 앉은절과 선 채로 두 손을 맞잡고 허리를 굽히는 선절이 있지 않은가.

벚꽃은 지고 나면 연두 잎이 꽃처럼 다시 핀다. 햇볕 좋은 날에 외출을 서두른다. 신발장에서 낡은 구두와 새 구두 모두 꺼내 신어본다. 전신거울에 비친 내 모습을 살핀다. 거울 앞에 선

채 허리를 쭉 펴고 두 손을 단정하게 모은다. 나는 담담하게 마주한 나를 향해 살짝 허리를 굽히며 온 정성을 다하여 예의를 갖춘다.

또각또각, 경쾌한 구두 소리가 현관문을 밀고 나간다.

온천천에 반하다

축제, 느낌을 더하다

 꽃이 핍니다. 난분분 춤추는 꽃을 보니 기쁨과 교차되는 서글픔이 밀려옵니다. 저 꽃들은 누구를 위해 존재할까요. 꽃을 바라보는 당신을 위해 존재한다고 생각하겠지만 꽃은 온전히 자신을 위해서 핀다고 대답할 겁니다. 해마다 온천천 벚꽃은 꽃을 피우기 위해 무진 애를 썼을 것이며 겨울을 이겨낸 꽃을 보며 우리네 인생도 꽃필 날을 기다리고 있습니다.

 참 좋은 날입니다. 벚꽃이 만개할 즈음 동래구와 연제구가 정성을 들여 온천천벚꽃축제·연제고분판타지축제를 개최합니다. 벚꽃과 동백, 벚꽃과 유채, 벚꽃과 영산홍, 벚꽃과 청보리를 보면 온천천의 봄은 벚꽃으로 시작한다고 해도 과하지 않습니다.

꽃과 사람이 한데 어우러진 속에서 반가운 당신을 만났습니다. 하늘에서 보낸 연분홍 기운이 물속에서 황홀한 반사로 피어납니다. 온몸으로 봄을 받아들이며 순간을 풍덩풍덩 즐기고 있습니다. 부산시민 330만 명의 느낌과 당신의 감동이 더해지고 있습니다. 행복은 멀리 있는 게 아니라지요. 수더분한 마음이 동요합니다.

물, 힘을 빼다

천변을 천천히 걷습니다. 산책로에서 가벼이 몸을 푸는 사람이 보이고 자전거는 씽씽 달립니다. 부산을 방문한 당신이 천변 풍경에 취해 서울 청계천보다 훨씬 자연 하천에 가깝게 복원한 온천천이 어디에서 시작되었는지 궁금하다고 합니다. 한강의 발원지는 태백 검룡소이고, 낙동강 발원지는 태백 황지못이며, 섬진강 발원지는 진안군 원신암마을 상추막이골 데미샘이라는데 오래전부터 부산 도심을 관통하고 있는 온천천에 관해 무심했다는 생각이 들었습니다.

온천천 제1 발원지는 부산 주산인 금정산 고당봉 아래 바위틈에서 솟아나는 고당샘입니다. 그 샘물이 흘러 금정산성 북문 아래에서 두 갈래로 갈라지는데 큰 갈래는 범어사 계곡을 거쳐 온천천이 되었고, 작은 갈래는 북문 습지를 거쳐 화명동 대천천이 되었답니다. 거기에다 온천천 약한 물줄기를 살리기 위해 낙동강 물을 끌어와 청룡2교 아래에 온천천 유지용수 펌프를 가동하여 풍부하게 물을 공급해서 수질이 정화되었습니다. 온천천 살리기 사업으로 자연에 인공의 힘을 더하여 온천천 제2 발원지가 되었지요. 온천천엔 온천溫泉이 흐르지 않습니다. 상류가 온천동을 지나기 때문에 지명을 넣어 온천천이라 부르게 되었고 옛날엔 '서천' 또는 '동래천'으로도 불렸답니다. 온천천은 금정구, 동래구, 연제구를 거쳐 중간에 여러 지류를 만나 수영환경공원 앞 수영강과 합류하면서 점점 힘을 뺍니다. 민락수영공원을 지나 곧장 광안리 바다의 남해로 향하는 여정을 가진 품이 큰 하천입니다.

언제였던가요. 잠깐 무너진 당신은 온천천을 걸을 수만 있다면 소원이 없겠다고 말한 적이 있었습니다. 당장은 아니지만 시간이 흐르면 몸은 나을 것인데 이 부족함을 아는 것을 족하다고 여기는 것이야말로 족함이라는 사실을 알게 되었습니다. 그런데 말입니다. 사람 사는 거 별거 아니지만 입안의 도끼로 상처가 났을 땐 천변을 따라 움직여 보십시오. 도심의 하늘과 온천천 물을 보면 세상 소음의 기대치가 줄어들 겁니다. 예민한 몸에서 눈물과 화기가 빠지고 당신의 마음은 낮게 흐르는 물과 같이 호흡하며 스스로 치유하고 건강해질 겁니다.

카페거리, 자연과 사람을 곱하다

온천천 양쪽엔 고층 아파트가 빽빽합니다. 동래역 비싼 상권이 아파트를 건너 연안교 인근 주택 틈 사이에 터를 잡았습니다. 수십 개에 이르는 카페가 자연스럽게 모여 마치 한 편의 서정시를 감상하듯 간판을 흥미롭게 읽는 사람들이 몰려왔습니다. 카페거리의 맛도 다양하여 보통 이상의 맛있는 커피, 솔직한 아이스크림, 호불호 없는 달곰한 케이크, 야경을 볼 수 있는 개방형 옥상을 꾸며놓은 감각적인 수제 맥주, 매운 곱창, 젊은 이에게 승부수를 던진 브런치 카페, 독특한 밥집, 골목마다 아마추어 같은 전문가가 공방을 아담하게 꾸며놓았습니다. 특히 일제 강점기 적산가옥을 재해석한 실내장식이 개성적인 명소가 되었고 인근 아파트 주민들도 아이와 손을 잡고 나와 고기 외식 문화에 동참하는 주 고객이 되었습니다.

카페거리의 노란 불빛이 몽환적입니다. 천변을 걷다가 어디라도 들어가 보세요. 개성과 친절이 넘치는 감성 카페에서 토박이는 허브차 두 잔을 주문합니다. 노랑과 빨강이 들큼한 맛으로 전이된 차의 향기는 인간관계의 작은 사치로 각인됩니다. 차의 얇은 맛은 혀가 느끼는 맛이지만 목을 넘어간 깊은 맛은 위가 느끼는 맛이라는 사실을 공감하면서 유리창 바깥을 봅니다.

  온천천은 누구나 좋아하지만 토박이도 반한 곳입니다. 카페에서 뻣뻣한 다리를 풀면서 추억을 소환합니다. 온천천의 변화는 토박이 인생과 같이 맞물린 행운의 표지입니다. 솔직히 고백하면 당신 덕분에 잘 살았습니다. 토박이는 진구에서 태어나 남구에서 청년기를 보냈고 진구에서 결혼하고 북구에서 직업을 가지고 동래구에서 글쓰기를 시작했으며 이제 수영구에서 재성장하고 있습니다. 온천천 인근에서 20년 넘게 생업에 몰두할 때 당신을 만나 당신과 공부하면서 곱절의 추억을 만들고 근사한 결과를 남긴 일은 한마디로 축복이었습니다.

물길, 생명을 나누다

  온천천은 생명의 나눔터입니다. 어린이와 반려견이 뛰어다니고 사람들 웃음소리가 물에 닿아 붕어와 잉어, 미꾸라지, 치어들도 경쾌하게 무리를 지어 다닙니다. 드물게 무당개구리와 참개구리가 서식하고 황소개구리 울음소리도 들립니다. 수면에 동그라미가 그려지는 비 오는 날엔 쇠오리가 새끼를 데리고 나와 현장실습을 감행합니다. 오리 수가 늘어나자 쇠백로 한 마리가 온천천으로 이사를 왔습니다. 어떤 날은 갈매기 떼가 온천천을 점령하여 텃새인 비둘기가 비상사태를 선언하고 긴장한 오리도 급히 영역을 재정비하였습니다.

  온천천은 생명을 지키는 터이기에 더욱 아름답습니다. 천변엔 유동 인구가 많지만, 생물들은 사람을 경계하지 않습니다. 야생동물에게 크게 해를 가하지 않아 '인간은 위험하지 않다'라고 인식하는지 각자도생하고 있습니다. 하늘색 물에 손목 길이의 검은 무리가 언뜻언뜻 비칩니다. 밀물 시간에 따라온 숭어가 펄떡펄떡 뛰어오릅니다. 바닷물의 역류로 하천까지 올라온 숭어의 힘찬 점핑은 신비롭게 보입니다. 짠물이 섞인 하천에서 숭어는 기생충을 떼어내거나 부족한 산소 공급을 위해 도약하며 생존의 몸부림을 있는 그대로 보여줍니다. 그 와중에 우리가 주목하는 생물은 징검다리 옆에서 텃새인 양 호시탐탐 숭어를 노리고 있는 왜가리입니다.

  그런데 온천천에서 깜짝 놀라는 일은 두꺼비의 로드킬입니다. 겨울잠을 깬 두꺼비가 연못에서 산란하고 알에서 깬 올챙이는 4월~5월 말에 앞다리와 뒷다리가 쏙 나온 새끼 두꺼비가 되어 흙으로 이동합니다. 문제는 연못의 두꺼비가 흙이 있는 곳으로 가려면 도로와 차도를 건너야 하는데 두꺼비는 본의 아니게 동물 교통사고 사망을 당합니다. 수만 마리의 두꺼비는 온천천이 얼마나 깨끗한지 보여주는 지표이기에 보호하려는 생태통로를 만들었지만, 여전히 도로 위에서 비참한 흔적을 남기고 있습니다. 온천천의 존재는 인간과 공존하는 생물을 지켜야 하는 이유를 가까이에서 보고 느끼고 배우면서 공동 대안을 마련하는 생태 학습장이기 때문입니다.

온천천, 반하여 사랑하다

초록 녹음이 짙어갑니다. 토박이는 온천천 일터에서 퇴근하면서 수영강 언저리 집으로 향합니다. 온천천은 올해도 오수관로 정비 사업으로 보수 중입니다. 작은 하천이 강을 만나 거대한 바다의 짠물과 융합한 온천천은 초라한 퇴행보다 거룩한 공존을 선택했다고 생각합니다. 우리는 지극히 미세한 존재입니다. 그래서 인생사 길흉을 따지는 소심한 인간이기보다는 대양의 규모로 대범하게 세상을 바라보며 우주에서 가장 위험하지 않은 인간이라는 넓이와 깊이를 갖춘 면모로 살아가야겠습니다.

온천천의 매력은 사계절을 더하고 빼고 곱하고 나누어도 끝이 없습니다. 강을 거슬러 온 숭어의 도약과 바다로 되돌아 나가는 영속을 보면서 빛나는 생生의 몸부림이 있는 온천천에 어찌 반하지 않겠습니까. 자연이 주는 쉼표와 인간이 감탄하는 느낌표를 동시에 가진 온천천은 살아있는 부산의 명소이자 우리가 지켜야 할 부산의 상징입니다. 온천천을 사랑합니다.

진묘수

 과연 지킴이답다. 허방한 웃음을 날리는 동물의 몸매가 예사롭지 않다. 코는 크지만 콧구멍이 없고 뭉툭한 입을 벌린 입술엔 붉은 안료가 남아있다. 작은 귀에 비해 몸통은 거대한 하마를 닮았고 머리 위에는 올록볼록한 쇠뿔이 꽂혀있다. 옆구리엔 불꽃을 연상하는 날개가 금방이라도 하늘로 날아갈 듯 기운이 넘친다. 등에는 돌출모양 갈퀴가 달려 있어 옹골차게 균형 잡힌 몸집인데 꼬리까지 포함해도 50센티미터가 되지 않는 크기다. 사방으로 보니 강단 있게 우뚝 서 있다. 무려 천년이 넘도록 왕릉을 수호해 온 석수는 돌로 조각한 작고 귀여운 상상의 동물이다. 피카츄도 아니고 포켓몬의 형태도 아니면서 무덤을 지키고 악귀를 쫓으며 천오백 년 세월을 견딘 진묘수이다.

누구나 자신이 원하는 것을 취하면서 안락한 곳에 사는 일은 드물다. 하물며 이승이 아닌 저승 세계의 상징인 석물은 더욱 그러하다. 벽사 의미를 지니고 지하공간을 지키는 용도로 만들어진 석수는 뒷다리 하나가 부러진 상태로 무덤 속에 봉인되어 무덤을 지키는 임무를 완수해야 하는 운명이다.

국립공주박물관에 전시된 무령왕릉전을 찾았다. 백제 수도인 공주는 역사 문화 유적지로 송산리 고분군을 비롯하여 일제에 의해 허다하게 도굴당했다. 유일하게 도굴 피해를 보지 않은 곳이 있는데 1971년 7월 6호분 배수로 공사 중 벽돌벽이 나와 파고 보니 바로 제25대 무령왕릉이었다. 진묘수는 왕릉을 완벽한 상태로 지켰던 늠름한 무덤 지킴이다. 죽은 사람의 영혼을 저승의 신선 세계로 인도하는 큰 역할에 비해 몸집은 엄청 작았다. 무엇에 놀란 듯 눈을 부릅뜬 표정과 둥글둥글한 몸체는 군더더기가 없는 옛날 옛적의 디자인이다.

진묘수는 마을과 공동 구역을 지켜주는 수호신을 닮았다. 누구라도 무덤에 손을 댄다면 꽉 깨물어 버릴 것 같은 사나움을 몸 안에 숨기고 있다. 오래 켜켜이 쌓인 먼지와 거미줄같이 얽힌 풀더미에서 묵묵히 왕을 지키며 살아왔다. 자신을 믿지 못하고 오른쪽 뒷다리 하나를 일부러 부러뜨린 어리석은 인간을 위해 세 개의 다리로 왕릉을 수호해 온 진묘수는 서양의 유니콘 전설과는 다른 동양의 새로운 캐릭터가 아니었을까.

무덤에 진묘수를 넣는 풍속은 중국에서 시작하였다. 돌과 흙 나무로 만들거나 물소 돼지의 다양한 모습을 나타냈던 중국 장례 풍습이 백제에 전해졌다고 한다. 무령왕릉 진묘수만큼 귀여우면서 동시에 위엄을 갖춘 매력적인 진묘수는 없다. 대체로 중국 진묘수는 사자 얼굴에 거목, 큰 코에 입을 벌리고 이빨이 날카롭고 머리엔 쌍뿔이 우람하고 등에는 갈기가 강렬하다. 날개 모양의 긴 털을 가지고 네모난 받침대에 앉아 기백이 웅장하고 형상이 사나운 편이다. 모든 진묘수는 뒷다리 하나가 부러져 있는데 도망가지 말고 무덤을 지키라는 의미란다. 그러나 62세로 사망한 백제 무령왕의 무덤을 발굴했을 때 진묘수는 웃으며 사람들을 맞이하였다. 왕과 왕비의 비석을 나란히 내어놓은 진묘수, 오수전, 은팔찌와 금장신구, 금송으로 만든 관이 있는 벽돌무덤을 속속 안내한다. 봉인했던 무덤의 시간이 열리자 진묘수는 자신의 임무가 끝이 났음을 알고 홀가분하게 여기지는 않았을까.

지킴이는 어떤 곳을 지키고 있는 사람이자 집이나 마을, 공동구역을 지켜주는 신이다. 무령왕릉을 지킨 진묘수가 어찌 무덤에만 있겠는가. 진묘수 같은 이가 우리 주변에도 있었다.

2023년 설날, TV를 통해 자기 의지대로 지킴이 역할을 해 온 어른 한 분을 알게 되었다. 진주에서 한약방을 운영한 '어른 김장하'이다. 그의 이름 앞에는 '위인'도 아니고 '인물' '영웅'도 아닌 '어른'이라는 제목이 붙은 다큐였다. 화려한 언변도 없고 언론매체에 나서는 일조차 거부하는 그저 수수한 할아버지였다. 허름한 한약방을 운영하며 평생 번 돈을 기부하고 교육 장학사업을 지속해 온 점잖은 팔순의 어른은 자신이 설립한 고등학교를 국가에 헌납하였다. 100년 전부터 모든 백성이 평등하기를 바라는 '형평운동' 기념사업을 이어왔으며 지역문화 발전과 지역문인을 후원하는 일에 앞장서서 아낌없이 나눔을 실천한 어른이었다.

일생을 자신이 행하는 일에 전면 나서지 않고 조용히 봉투를 건네는 어른. 명예나 권력에 관심 없는 어른. 말 한마디도 아끼는 어른. 사람이 사람을 위해 할 수 있는 일을 찾아 인재로 키워내신 어른. 경남 최초 여성운동의 대부. 이 세상은 평범한 사람들이 지탱하고 있는 거라며 누구나 아는 흔한 진리를 심심하게 말해도 전혀 평범하지 않은 특별한 어른이었다. 방송에서 그분 말씀은 몇 마디밖에 나오지 않았는데 어두운 밤하늘에 떠 있는 별과 달 같은 절대적 수호자 역할을 하신 어른으로 인식되었다. 그가 낸 기부금은 개인의 삶에 기름진 거름이 되어 환산할 수 없는 수백억의 가치를 만들어내었고 그의 도움을 받은 인재는 다시 지역의 일꾼을 만들어내었으니 외유내강의 표본이 되는 이 시대의 진묘수가 틀림없었다.

  지킴이의 모습은 다양하고 그 역할도 쉽지는 않다. 지하 세계의 진묘수와 현실 세계를 지켜준 어른이 있지만 나 역시 사이버 공간에서 지킴이를 한 적이 있다. 며칠 전 문인단체 카페지기 2년 임기를 마치며 2,000명이 넘는 회원에게 '진심으로 감사하다'는 마지막 인사를 남겼다. 비록 비대면 카페이지만 코로나 시대를 사는 불안을 넘어 회원의 안부를 묻고, 수상을 축하하며 꽃다발을 보내는 기쁨을 누렸다. 성실맨 열정맨 온돌맨을 비롯하여 출근 도장 찍는 단골의 참여와 훈훈한 회원의 관심 덕분에 무사히 지킴이의 약속을 지켜낼 수 있었다.

  카페지기로서 730일 결석 없이 회원 수를 늘리며 등단작가의 자긍심을 높이는 데 한몫하고 싶었다. 매일 회원 수필을 올리고, 매주 연재수필과 추천 명수필, 인문학 산책에 좋은 글을 소개하며, 매달 100편 이상 수필독서의 즐거움을 주기 위해 부지런히 움직였다. 카페에 입장한 분들이 행복하기를 소망하였다. 특히 음란물 유포 가입자가 발붙이지 못하는 청정카페가 되어 보람은 있었지만 졸지에 사망한 회원과 표절작가로 인해 눈물 흘린 적도 있었다. 지킴이라고 해서 모든 것을 다 잘할 수는 없었다. 생업에 몸과 마음이 바빴고 삶의 본능이 강하여 자발적 인간관계를 차단하는 아픔도 있었다. 다만 문학의 품위를 지키며 수필의 가치를 찾아가는 온화한 수필 지킴이가 되고 싶었을 뿐이었다.

생각해 보니 건강한 사회를 지키는 진묘수가 그리운 시대에 살고 있지는 않은가. 고대 백제의 무령왕릉과 왕릉원을 다시 살펴본다. 안내판 사진에 새겨진 진묘수가 의젓하다. 상상의 동물이지만 뭉텅한 그의 웃음은 거부할 수 없는 매력이다. 천오백 년의 역사를 품었다가 고이 지상에 내어놓은 진묘수의 가치는 변하지 않을 터이다. 수십 년 동안 지역을 돌본 어르신과 사이버공간의 작은 일부를 지킨 나 같은 카페지기도 언제 어디서나 필요한 존재이다.

과거와 현재를 이어온 역사는 특별한 권력을 가진 누군가가 만드는 것이 아니라 보통 평범한 사람이 만들어낸 기록의 축적물이다. 시대가 바뀌었지만 고대의 진묘수가 부활하여 현실에선 친근한 진묘수 어른이 많아지고 가상공간을 지키는 눈 밝은 진묘수들이 민들레 꽃씨처럼 멀리 날아가기를 바라는 마음은 유독 나만 하는 것일까.

시대를 엮는 사전

전자사전이 등장하자 사전 찾는 횟수가 줄었다. 구글이나 네이버, 위키피디아 등 지식과 정보를 제공하는 플랫폼이 넘쳐나지만, 전통적인 종이 사전은 효용가치를 인정받지 못하고 있다. 그러나 사전은 컴퓨터 언어가 등장하기 전까지 인류의 지식을 축적했고 편집 과정을 통해 전승하는 가장 유력한 수단이었다. 인류가 살아온 시대의 모든 지식과 문화, 생활과 사상을 체계적으로 분류하고 집대성하려는 욕망이 사전을 만들어 왔다.

국립국어원은 『표준국어대사전』 개정판을 내면서 향후 종이 사전 출판을 중단한다고 발표했다. 그 대신 인터넷에 무료 공개되는 전자사전만을 펴내겠다고 하였다. 2012년 244년의 전통을 자랑하던 브리태니커 백과사전도 종이 사전 출간을 중단하며 디지털 콘텐츠만 제공하겠다는 뜻을 밝혔다. 한마디로 말하면 사전의 몰락이었다. 사전 몰락은 단지 종이 매체의 변화만을 나타내는 것이 아니다. 곧 사전 편찬 인력의 몰락이었으며 국내 사전 출판사의 대부분 사전 편집팀 해체를 불렀다. 여러 사전은 개정판 없이 증쇄만 거듭하지 않았던가.

우리 집 거실 책꽂이엔 두께가 한 뼘 되는 낡은 한글사전이 있다. 몇 년 전부터 아이들이 직장을 구해 독립한 후, 나는 하루에 말 한마디 하지 않는 날이 잦았고, 종종 우울해지기까지 했다. 그때 먼지 쌓인 두꺼운 사전을 꺼내 읽게 되었는데 옆에 꽂힌 『사전, 시대를 엮다』를 읽고 의외로 위로가 되었다.

사전은 어휘에 대한 지식을 체계적으로 정리하여 기술하고 설명한 텍스트다. 사전에 담긴 가장 중요한 언어 정보는 의미와 관련된 것들이다. 『사전, 시대를 엮다』를 쓴 일본 역사학자 '오스미 가즈오'는 일본 사전의 역사 기원을 찾아서 8~12세기 헤이안平安 시대로 거슬러 간다. 고대 율령국가가 국가사업으로 만든 『일본서기』, 관리들을 위해 정무 선례를 모은 6개 편년체 역사서인 『6국사』를 주제별로 분류·재편성한 200권으로 구성된 방대한 『유취국사』부터 일본 최초의 백과사전 『왜명유취초』를 설명한다. 과거 중국에서도 여러 책의 내용이나 항목별로 분류한 결과를 모아 편찬한 책을 통틀어 '유서類書'라 했는데 오늘날 백과사전과 비슷하였다.

  확실히 놀란 점은 일본은 자국 역사와 문화를 집적한 유서 편찬에 열을 올려 1913년에 일본 역사·사회·문화 백과사전『고사유원』1천 권이 완성된 사실이다. 당대 거의 모든 지식인이 참여해 근대적 백과사전 원류인『일본백과대사전』이 1919년 10권 완간되기까지의 과정을 담았는데 모든 일본 사전을 두루 섭렵하고 쓴 논문 수준 책이었다.

  오스미 가즈오는 일본 역사학계에서 일찍 문화사, 사상사 영역을 개척한 학자였다. 그는 "문자로 쓰여 책으로 전해진다는 제한은 있지만, 백과사전적인 것을 만들어낸 정신의 계보와 백과사전적인 책의 세계를 더듬어가면서 사상이나 문화의 역사를 생각하는 자리를 마련하고 좌표를 찾아 확인해 보고 싶었다."라고 말한다. 나는 책을 읽고 나서 온몸에 느껴지는 전율의 순간을 경험하면서 사전 편찬에 이바지한 국가와 귀족, 사서의 정성에 대하여 존경심이 저절로 우러나왔다.

  『사전, 시대를 엮다』와 같은 주제인 '미우라 시온'의 소설『배를 엮다』역시 사전을 만드는 사람과 출판사 이야기이다. 사전은 '말'의 바다를 건너는 '배'이고, 편집자는 그 바다를 건너 배를 엮어 간다는 의미다. 무엇인가를 만들어내려면 말이 필요하다. 사람의 마음과 사물도 말에 따라 만들어진다. 어두운 바다 위에 떠오르는 작은 빛을 모아 더 어울리는 말로 누군가에게 정확하게 생각을 전달하기 위해 바다를 건너는 배를 엮는다는 생각이 근사하였다.

  주인공 '아라키 코헤이'는 베테랑 편집자이지만 정년을 앞두고 있다. 그는 사전 이름을 『대도해』라 짓고 사전 편찬을 위해 후계자를 찾기 위해 인재를 물색한다. 그러던 중 소통과 공감 능력이 없는 '마지메'를 발견한다. 그는 독서와 말에 미친 언어학 전공자이지만 묵묵한 사람이다. 아라키 코헤이와 마지메는 13년간 단 둘뿐인 사전편집부를 지켜나간다. 또, 사전 감수를 맡은 마츠모토 선생은 아라키와 국수를 먹을 때도 항상 텔레비전을 들으면서 '용례채집 카드'를 손에서 놓지 않는 집념을 가진 인물이다. 새로 등장하는 언어나 비유할 때 쓰이는 최근 언어를 적어 놓아야 사전을 편찬할 때 유리하다고 믿는다. 마지메가 처음 봤을 때부터 노인이었고 13년 후에도 나이를 짐작할 수 없을 정도의 선생은 한때 교수였지만 일찍 퇴임하고 사전 편찬에 일생을 바친다. 그는 외부 감수자로 정년도 없이 사전에 빠져 불광불급不狂不及 정신으로 끝까지 사전을 완성한다. 그들을 보면서 사전에 담긴 말만 아니라 편집과 종이, 그림, 인쇄술까지 합작한 예술작품이라고 감히 평가해 본다.

  나는 인터넷 검색창에 내 글과 어울리는 단어를 자주 검색한다. 전자사전에서 적확한 단어를 찾고 순우리말과 다의어 유의어에 집중한다. 과거 가혹했던 일제강점기에 우리말 사전을 만들기 위해 전국의 말을 모은 우리나라 최초 국어사전인 '말모이'를 떠올리면서 길고 긴 우리 역사가 사전 속에서 되살아나는 귀한 시간을 만나기도 한다.

  문화는 하루아침에 만들어지는 것이 절대 아니다. 백범 김구 선생은 『백범 일기』 '나의 소원'에서 우리나라가 문화 대국이 되는 것을 원한다고 하였다. 문화 대국의 기틀은 언어가 기본이다. 언어를 지키며 계승 발전시켜 나가야 강성한 문화 대국이 만들어진다. 총칼보다 말(언어) 문화가 안정되어야 시대를 엮을 수 있다. 10년, 20년, 그리고 대를 이은 시간과 노력을 투자한 결과물인 사전은 과거부터 현재를 연결하는 방대한 역사물이다. 낡은 국어사전과 전자사전이 우리의 시대를 계속 잘 엮어가라고 말하고 있다.

오빠의 강江

 강물이 새맑은 하늘을 닮았다. 제 길 따라 흐르는 강물은 바람 소리처럼 나지막하다. 강 옆 흙은 봄날 계절답게 푹신하고 강 수면은 바람 장단을 풀어내어 흩어졌다 모이기를 되풀이한다. 은빛 강물은 오래 흘렀을 터인데 지치지도 않는가 보다.
 대동면 조눌리로 가는 버스를 탔던 날은 오월 중순이었다. 팔남매의 막내로 병약하게 태어난 열일곱의 여고생이 어머니 손을 잡고 한의원을 찾아가던 길이었다. 버스가 강을 건너서 비포장도로를 달리다 멈추었을 때 모래 먼지가 부옇게 일어 온몸을 하얗게 뒤덮었다. 처음 눈에 들어온 건 수양버들이 초록 머리를 길게 풀어 내리고 있었고 제법 깊은 수로 건너편엔 마을이 보였다.
 조눌리鳥訥里는 낙동강 서쪽 모래톱에 자리한 마을이다. 모래

밭에 철새들이 날아와 울음소리가 마치 더듬는 것 같다고 조눌, 새눌리라 불렀다. 나지막한 기와집에 사는 사람들이 외지에서 온 얼굴 하얀 여자아이를 보러 나왔다. 큰 병원에서 수술을 여러 번 했지만 정확한 병명이 나오지 않았던 나는 친척 오빠 집에서 요양하면서 여름방학이 끝날 때까지 머물렀다.

오빠는 조눌리에서 태어났다. 육이오 전쟁 때 입대한 아버지가 영원히 돌아오지 못하게 되자 집안 어른들이 나서서 나이 어린 어머니를 재가시켰다. 홀로 남은 오빠는 큰집에서 자랐는데 무던한 심성으로 묵묵히 농사일을 익혔다. 동살이 희붐해지기 전에 조용히 농기구를 챙겨서 강둑을 넘어 비닐하우스 문을 열고 밤사이 알알이 맺힌 토마토와 수박 참외 고소득 작물을 수확해서 마을회관에 넘겨주었다.

초정리에서 태어난 새언니와 결혼한 오빠는 힘을 합해 농사를 지었다. 제철보다 빨리 출하하는 계절 작물을 심었던 오빠는 해마다 조금씩 땅을 늘려갔다. 마을 사람들도 열심히 일하는 젊은 부부를 곱게 응원해 주었다. 오빠와 새언니는 하루도 거르지 않고 새벽에 나가 비닐하우스 작업을 하였고 아침 햇살 받은 강물이 환하게 너울거릴 때 집으로 돌아왔다. 부지런한 오빠는 마당을 쓸고, 새언니는 아침밥을 준비하면서 아들과 딸들을 선하게 키우고 있었다. 거기에 입이 짧은 나를 위해 몸에 좋다는 나물을 준비하고 귀한 열매를 구해 약으로 달이며 지극정성을 쏟았다.

그때 나는 열일곱 살이었다. 한의원 가는 일 말고는 딱히 하는 일이 없었다. 조카들과 노는 것도 지겹고 책을 읽는 것도 무의미하다는 생각이 들었다. 어머니가 나를 맡겨두고 오지 않는데 나는 집에 가고 싶었다. 공기 좋은 강둑에 올라 먼산바라기를 하면서 가족들을 생각했다. 강둑에 서면 마을 뒤로 멀리 신어산이 보이고, 강 건너 금정산이 보였다.

어느 날, 무작정 강둑을 걸었다. 계속 아래로 걸어가면 수문이 나올 것이고, 다리를 건너면 집에 갈 수 있으리라는 기대 때문이었다. 땡볕 아래 아무리 걸어도 수문은 보이지 않았다. 끊임없이 비닐하우스만 이어졌다. 막막했다. 강둑에 앉아 혼자 울었다. 은박지보다 더 반짝거리는 강물만 보였다.

강에게 물었다. 어떻게 집으로 갈 수 있냐고. 진짜 내 병은 나을 수 있겠냐고 하니 귀담아듣는 듯했다. 병이 낫지 않으면 콱 죽고 싶다고 말했을 때는 못 들은 척했다. 강은 그냥 내 이야기를 들어주는 대상이었을 뿐이었다. 그러나 이야기를 나눌 상대가 없는 나에게 강은 물음에 대답해 줄 유일한 친구였다.

수문은 정해진 시간에 열리지만, 농번기나 가뭄이 들면 자주 수문을 열기도 했다. 나는 울다가 힘이 빠졌다. 풀을 뜯다가 일어서서 둑 아래 수로를 바라보았다. 그런데 아뿔싸, 물이 정반대로 흐르고 있지 않은가. 바보가 된 나는 강둑에 앉아 또다시 펑펑 울었다. 강물과 수로의 물 흐르는 방향이 같은데 몰랐다.

  강을 향해 다시 물었다. 화가 날 때 어떻게 해야 하는지를. 강물 흐름도 모르는 무식한 나에게 강은 아마 이런 대답을 했던 것 같다. 집에 갈 수 있을 테니 걱정하지 말라고. 집에 가서도 화가 나면 언제든지 찾아오라고.

  터덜터덜 돌아오던 강둑길에서 오빠를 만났다. 서로 아무 말 하지 않았다. 강물만 바라보며 걸었다. 드넓은 평야를 감싸고 흘러가던 강물이 순정한 강바람을 등 뒤에 보내 주었다. 답답한 마음이 조금씩 풀어지고 있었다. 그날 이후 마음을 단단히 먹었다.

  낙동강은 태백에서 발원하여 긴 여정을 쉬지 않는다. 김해평야의 동맥으로 조눌리 밭을 일구던 오빠의 작물을 키우고 아들과 딸의 이야기를 들으며 바다로 향한다. 사계절 하우스 농사로 바빴던 오빠는 허투로 말을 하는 사람이 아니고 몸으로 보여주는 진중한 사람이었다. 씨 뿌리고 모종을 살리며 밭에 물을 대는 평범한 일상을 최고라 여겼던 농사꾼에게 강은 삶의 가치를 부여해 주었다.

해가 긴 여름엔 해 뜨기 전부터 하우스에 물을 대었고, 태양이 작열하는 낮엔 들판도 불타는 더위에 지쳐갈 때 오빠는 밭을 보러 나갔다. 해가 지면 재빨리 밭에 물을 대어 애정으로 작물을 키워냈다. 게으르면 할 수 없는 농사일을 천명으로 여겼다.

 장마철이었다. 며칠 계속 백 밀리가 넘는 비가 내리기 시작하자 불어난 강물에 비닐하우스가 모조리 잠겼다. 싯누런 강물이 고여 멈춘 듯했다. 거대한 강물에 고립된 평야는 시간의 무게를 견디었다. 서서히… 물이 빠져나갔다. 강물은 비닐하우스와 자라고 있던 작물 모두를 긁어 바다로 특급배송을 끝냈다. 아무것도 없는 들판을 가만히 지켜보던 오빠는 경운기를 몰아 밭으로 나갔다. 다시 하우스 뼈대를 세우고 농사 준비를 시작했다. 오빠를 보면서 나는 철이 들어가고 있었다.

 강물을 바라보는 일은 누군가의 정성에 고마운 마음을 전하는 것과 같다. 강물이 실어 온 모래톱은 농부에게 풍요로움을 선물해 주지만 때로는 모든 것을 쓸어가기도 한다. 모든 것은 변하기 마련이지만 강물은 한 가지를 가르쳐준다. 그것은 꺾이지 않는 희망이다.

 강을 다시 만났다. 도도하게 흐르는 강은 건강한 바다를 향해 시나브로 가고 있다. 물 위에 웃자란 햇빛이 찬란하다. 40년 전

강둑에서 울던 열일곱의 여고생은 아무것도 없던 들판으로 경운기를 몰고 나가던 오빠의 등을 잊지 못한다. 강가에서 농사짓던 오빠처럼 자식들 잘 키우며 진솔하게 살고 있다.

희곡으로 인생을 논하다

 문학 교과서를 통해 「산돼지」를 접했던 시절이 있었다. 윤심덕의 「사의 찬미」라는 노래를 통해 김우진을 이해하게 되었다는 사람도 있었다. 희곡이야말로 자유의지를 표현할 수 있는 문학 양식이라 말하지만, 「난파」를 읽으며 왜? 금수저 엘리트였던 30세의 김우진은 사랑하는 동갑내기 윤심덕과 함께 캄캄한 밤바다에서 사라졌을까 하고 유독 궁금하게 여기는 사람이 바로 '나'였다. 진심으로 그의 인생이 궁금했다.
 김우진 선생은 상당히 멋진 인물이다. 그가 남긴 5편의 희곡을 인류의 영혼 해방과 구제를 담당한 작품이라 평론가들이 평가하고 있어 그의 작품을 알고 싶었다. 부산국제연안터미널에서 시모노세키행 부관 페리호를 타고 대한해협을 건너가 보기로 작정했다.

  부산항을 떠나는 시간은 늦은 밤이다. 칠흑같이 어두운 공간에는 바다의 신神만이 존재할 것 같은 두려움이 느껴졌다. 망망대해에 서서 염분 가득한 바람을 맞으며 한 치 앞도 재볼 수 없는 공포가 다가왔다. 해협의 바람이 얼마나 거센지 선상에서 무엇을 붙잡지 않고서는 몸을 제대로 가눌 수가 없었다. 휘모리장단 바람이 몸을 훑어 감싸며 깊은 바다로 끌고 가려는 강한 바람이 두려웠다. 아, 그러고 보니 어쩌면 김우진과 윤심덕은 관부연락선에서 자살한 것이 아니라 암흑의 밤에 제어할 수 없는 감정의 돌풍에 휩쓸려 바다로 끌려 들어간 게 아니었을까. 현실에서 선택한 도피가 하필이면 자살로 위장된 것이 아니었을까. 그가 사용했던 선실에는 가방과 책, 옷들이 그대로 놓여있었다는데 말이다.

  김우진 선생은 우리나라 근대 극작가이면서 연극이론가다. 전남 장성군에서 태어나 일본 유학을 다녀온 엘리트 영문학도였다. 대학 시절부터 연극을 꿈꾸며 극예술협회를 조직하였고, 1921년에는 동우회순회연극단을 만들어 국내순회공연을 다니며 상연 극본을 번역하였다. 희곡의 유형은 비극과 희극으로 나누고 비극엔 시민비극, 멜로드라마와 표현주의 연극이 있고, 또한 서사극/부조리극으로 크게 나눈다. 1920년대는 독일에서 받아들인 표현주의 문학이 주도하고 있었다. 김우진 선생은 조선의 절박하고 암울한 사회와 인생을 묘사하려면 표현주의가 적절하다고 주장하였다. 그는 시와 희곡 창작과 평론에 몰두하여 48편의 시와 5편의 희곡인 「정오」, 「이영녀」, 「두데기 시인의 환멸」, 「난파」, 「산돼지」, 20여 편의 평론을 남겼다. 특히 네 번째 희곡인 「난파」는 그가 자살한 1926년 봄에 쓴 작품이다. 최초의 표현주의 연극으로 의미가 깊다. 「난파」는 복잡하게 얽힌 유교적 가족구조 속에서 현대적인 서구윤리를 지닌 한 젊은 시인이 몰락하는 과정을 그린다. 관념적이고 상징적인 이 작품을 김우진 선생의 자전적인 극이라고 평가하는데 나는 통독을 하고 나서야 제대로 이해가 되었다.

「난파」는 3막으로 이루어진 서구 표현주의 연극을 수용하여 한국적으로 실험한 근대연극이다. 표현주의 문학은 절망적 염세적이면서 불신 부정적 태도 주관 및 자아도취 등을 강렬하게 드러내는 구조이다. 김우진의 표현주의는 스트린드베리의 상징 수법을 바탕에 깔고 비극과 희극이 따로 있는 것이 아니라는 점을 말한다. 비극이지만 희극적 연출을 할 수 있고, 풍자나 조롱이 없어도 가능한 연출이었다. 현대 연극에서는 비극과 희극을 나누는 의미가 크게 없다고 하는데 김우진 선생은 이미 1920년대에 다양한 시도를 한 작가였다. 그는 유교국가의 인습으로부터 해방하려는 주제의식을 담은 최초의 극작가이며 우리나라 신극 운동에 불을 지핀 작가임이 틀림없다.

「난파」는 비극이라 단정할 수 없다. 항해 중인 배가 폭풍우 등으로 인해 부서진다는 '난파'의 의미는 과연 무엇을 상징하는가. 해설에서 카르노메를 반복해 부르는 노래는 베르디의 오페라에 나오는 아리아이지만 등장인물들은 구체적인 이름 없이 시인, 부, 동복제, 이복제, 악귀, 신주, 제1 계모~제4 계모로 이어지고, 실존 인물이 아닌 등장인물이 있고 비비와 카르노메라는 상징 이름은 더욱 낯설기만 하다. 제1막에서 주인공인 젊은 시인은 그의 어머니와 다투는 것으로 시작한다. 어머니는 유령으로 나오고, 조선유교 남자였던 아버지와 신신 교육을 받은 시인의 갈등은 전통에 대한 회의를 소재로 한다. 기성세대에 대한 젊은 세대의 저항을 소재로 다루고 신구세계의 가치관이 충돌하고 있는 공간을 설정한 후 식민지 조선인들에게 가장 절실하게 필요한 것을 침몰하는 '난파' 속에서 찾아내야 할 희망이라는 점이다.

    [부] (달려들어, 한번 내갈기며) 불효자! 모든 것이 효에서 시작하는

것을 모르니? 효! 서양놈 일본놈을 모르되 우리 조선 사람은 충신도 효에서 치천하고 효에서 나오는 것인데.
[시인] (악에 북받쳐) 우주가 당신 명령으로 도는 줄 아오? 늙은 허수아비가!

…중략…

[시인]   (자빠져 운다) 오오오오.
[모]   (좋아 뛰며) 옳쿤 옳아! 내가 간섭 아니 해도 져런 늙은 유령이 앉아서 머리털을 잡아당기니까.
[시인]   (벌떡 일어나 달아나려 한다. 그때 뒤에서 베르디의 리골레토 중의 아리아 "Caro Nome"(guallier malde! 대신에 Caro Nome) 처음에 아주 soto voce로. 시인은 깜작 놀래 멀거니 서서 듣고 있다가 고만 엎드려진다) 아 어머니! 져 소리가 뭐예요. 져 소리가 뭐예요.

- 제1막

제1막 마지막 부분은 베르디의 오페라 중 아리아로 독특한 대본이다. 빠르기 음악 용어로 설정하고 지문을 넣고, 일본어 한자 표기를 번역 없이 사용하여 순간 혼란스러웠다. 그러나 이 작품이 1926년에 발표한 작품이라니 믿기 어려울 정도라 생각한다.

제2막 제1장에서 심리적 정신적 불안이 심각한 환각 장면이 나오고 갈등은 심화하고, 제2막 제2장에서는 늙은 애란인 머릿

속에서 온 비비로 비현실적인 인물의 대사를 통해 표현주의 연극의 특징을 알 수 있다. 시인의 혼잣말이 방백과 독백의 기법을 사용하여 중구난방의 대사이지만 혹시 비비가 윤심덕은 아닐까 생각하게 만든다.

  제3막에서 난파의 의지를 외치며 암흑으로 마무리하는 이 연극은 완전 비극이 아닌 상상의 인물과 음악으로 희극도 섞여 있다. 마치 우리 인생이 완전 비극이나 완전 희극이 아닌 것처럼, 논할 만한 가치가 있는 희곡작품이다.

선善을 말하다

EBS 교육 방송에서 롤스의 강의를 들었다. 롤스는 공정하지 않은 세상에 살면서 왜 정의를 지켜야 하는가에 대하여 진지하게 이야기하였다. 『정의론』은 쉬운 것 같지만 결코 쉬운 내용이 아니었고 한글 자막을 띄워주었는데 영어 강의라서 온전히 이해하기는 어려웠다. 세상과 사회의 흐름을 이해하고 시대의 상황 맥락을 깊이 사유해야 하는 철학 강의였다. 올바른 정의 실천을 요하는 사회·정치 교과서 같다는 느낌이 들었다. 나중에 책을 샀다가 책 두께에 그만 질려서 쉬운 내용만 골라 읽다가 포기했던 책이다.

정의란 무엇인가. 사전에 실린 공평성, 공정성, 정당성의 뜻을 가진 불의를 징벌하는 정의가 아니라 '시민사회 정부 운영에 관련된 공적인 정의'라고 롤스는 말한다. 즉, 사회의 근간을 이루는 제도와 그것의 정당성을 보장할 수 있는 것이 정의원칙이라는 것이다. 정의는 강자들이 약자를 억압하거나 약자들이 힘을 모아 강자들을 사적이나 임의로 부당하게 억압하는 상태를 방지하기 위한 것이었다.

존 롤스는 미국의 자유주의 정치철학자이다. 1971년에 발표한 『정의론』에서 사회 기본구조가 시민의 사유와 자유, 독립성을 보장하며, 사회적 지위와 부, 그리고 정치적 영향력을 행사하는 기회를 공정 배분해야 한다고 주장했다. 질서 있는 사회 유지를 위해 힘의 독점을 방지할 필요가 있다고 강조했다. 책 내용이 워낙 방대하지만 주요 부분을 독파하면 정의론을 이해할 수 있다고 말했는데 조금 위로가 되었다.

롤스는 옥스퍼드 대학 시절, 법철학자 '허버트 리오넬 아돌프 하트'의 강의를 들었으며 정치철학자 '이사야 벌린'에게서 학문적 영감을 받았다. 베트남 전쟁이 발발했을 때 전쟁을 반대하는 시민 불복종에 관한 연구를 하였고, 신학에 관심을 두고 도덕철학과 법철학과 정치철학을 공부하여 청출어람의 표본이 된 사람이다. 아마도 정의원칙을 성립하는 근본 바탕을 그때 형성되었다.

롤스는 평등과 자유의 관점에서 자유와 평등의 양립 가능성을 도덕 철학적으로 정당화하여 설명한다. 반공리주의적 도덕 철학으로 유명한 롤스는 특히 올바른 것이 무엇인지 직관으로 아는 직관주의와 최대 다수의 최대 행복 추구는 개인의 자유는 정당하게 제한할 수 있다는 공리주의 입장이다. 더구나 나의 도덕적 직관이 타인에게 도덕적이지 않을 수도 있다는 직관주의 약점과 모든 개인은 자유롭고 평등하여 누구도 희생양이 되어서는 안 된다는 대안은 나의 공감을 일으켰다. 사람은 저마다 처지가 다르니 공정한 절차와 조건을 제시하는 '정의원칙'이 있어야 한다고 주장한다. 원칙의 전제는 자유주의 사회에서 모두가 동의할 만한 원칙인 '무지의 장막'과 '원초적 입장'이다.

'무지의 장막'은 정의로운 원칙의 합의를 위해 자신의 처지와 가치관, 이익 등을 모르게 무지의 장막을 드리운 상태가 되어야 한다. 즉 블라인드를 가리고 외모, 학벌, 집안 등의 정보가 없어야 한다는 것이다. 마치 음악 실기 시험을 블라인드로 가리고 치는 것과 같다.

'원초적 입장'은 자신이 속해 있는 조건을 무지의 장막으로 가린 상태에서 누구도 부자 빈자, 여자 남자, 흑인 백인 황인도 아닌 개인과 원초적인 존재로서 상호동등의 관계가 보장되는 공정한 최초 상황에서 합의하는 것이다.

과연 한국 사회에도 정의원칙이 적용될 수 있을까 하는 의문이 든다. 대한민국의 금수저 현상은 어떠한가. 금수저, 은수저, 동수저, 흙수저는 태어난 환경에 따라 우연히 타고난 임의적 요소이다. 풍족한 사람과 가난한 사람을 구분하여 원천적으로 절대 공정하지 않는 현상이 비일비재하다. 개인의 능력을 기준으로 경쟁을 통한 분배는 공정하지만 실제 능력 있는 부모에게서 우연히 태어난 자식은 능력의 세습으로 평등의 원칙에서 벗어난다. 그뿐만 아니라 동일한 출발선을 기준으로 취업시장도 마찬가지이다. 취업 절벽 시대에 부모를 배경으로 '낙하산' 취업을 선호하는 것도 공정하지 않은 사회 현상이다.

반면에 정반대 경우도 있다. 노블레스 오블리주를 실천한 칼레 시의 시민들이다. 영국과 프랑스가 싸운 백년전쟁에서 영국왕은 프랑스 칼레 시를 포위했다. 칼레 시민은 끝까지 저항했지만 양식이 떨어져 항복하고 만다. 영국 에드워드 3세는 관용을 베풀고 대신 한 가지 조건을 내세워 시민의 목숨 대신에 칼레 시의 유지 여섯 명 목숨을 요구한다. 사회적 성공과 행운을 누려왔던 칼레의 부유한 유지들은 솔선수범하여 교수대로 향했다. 오백 년 후 로댕이 「칼레의 시민」 조각상을 만들어 칼레 시에 헌정하면서 모든 사실이 알려졌다는 거룩한 이야기로 남았다.

롤스는 정의원칙으로 제1원칙-각자는 모든 사람의 유사한 자유 체계와 양립할 수 있는 평등한 기본적 자유의 가장 광범위한 전체 체계에 대해 평등한 권리를 가져야 하고, 제2원칙-사회경제적 불평등은 최소수혜자에게 최대 이득이 되고, 공정한 기회 균등의 조건이 전제되어 모든 이에게 개방된 직책과 지위가 결부되게 편성되어야 한다. 그러나 평등한 자유의 원칙이 앞선다는 의미에서 제1원칙을 축차적 우선한다. 롤스는 제1, 2원칙의 위계질서의 우열이 있는 것이 아니라 논리적으로 먼저 전제되어야 하며 어느 한편에게만 자유의 혜택이 돌아가는 것은 곤란하기 때문이라는 설명을 덧붙인다.

'공정한 분배'란 기회의 평등을 경쟁하기 전 승패를 결정지을 수 있는 임의적 요소와 가능성을 없앤다. 선천적 재능과 지능, 체력, 사회적 지위, 경제적 여건 등은 노력이나 자발적 선택에 의해 마련된 것이 아니라 우연히 임의로 주어진 것이므로 불평등을 해소하기 위해 '차등원칙'으로 교정해야 한다. 공정한 분배는 최소수혜자까지 평등하게 기회균등의 원칙을 누리고 재분배되어야 한다. 여기서 '최소수혜자'란 사회에서 가장 적은 혜택을 받고 가장 열악한 처지에 놓인 사람으로 정신적 차원에서 지적

능력과 재능, 육체적 차원에서 신체적 역량이 가장 떨어지는 사람들이다.

그러나 롤스는 차등의 원칙을 설명하면서 재산 소유 민주주의 맥락에서 현실화 제도가 무엇인지 정확하게 말하지 못한 면도 있다. 롤스는 이렇게 말했다. "모든 시민으로 하여금 스스로 자기 자신들의 일을 꾸려나갈 수 있는 위치에 서게 하는 것이며, 적절히 평등한 조건으로 상호존중에 기초하여 사회적 협력을 지원하게 하는 것이다."라는 말은 시민 스스로 공정 평등한 조건을 주면서 상호 협력을 유도하려는 정신이다. 그는 평등 가치를 정당화한 탁월한 철학자가 틀림없다.

오늘날 세계는 초유의 사태를 겪고 있다. 『정의론』에 입각해서 보면 누구에게라도 국제사회와 정치제도에 강력한 정의 원칙이 적용되어야 할 시점이다. 코로나 백신 수급의 양극화 현상을 줄이고 상생 협력해야 개인과 국가도 위기를 넘길 수 있다. 롤스의 사상은 개인의 자유와 권리를 훼손하지 않고 자유주의적 경쟁 체제가 야기하는 불평등 문제를 해결할 수 있는 원리를 제시하였다. 사회의 근간을 이루는 제도는 최소수혜자에게 기회균등의 원칙으로 공정하게 지켜져야 한다. 동시대를 사는 우리도 개인과 국가 간의 차이와 차별에 대한 인식체계를 옹골차게 정립해야 한다. 우리 사회 역시 국가가 법과 제도를 살피면서 차등 원칙을 적용하여 공정한 분배 원칙을 실현하려 노력하고 있다. 정의원칙이 통하는 공정한 세상, 최고선最高善을 향한 도약과 실천이 필요한 때가 바로 지금이다.

문학을 사랑한 남자

Ⅰ. 들어가면서

　안톤 파블로비치 체호프는 러시아를 대표하는 극작가이자 소설가이다. 항구 도시 타간로크에서 태어났을 때 러시아 사회는 체제를 비판하는 젊은 허무주의자들의 활동과 세대 간의 갈등, 황제 암살사건, 브나로드 운동이 일어나는 시기였다고 한다. 체호프는 식료품 잡화상을 하는 아버지의 7남매 중 셋째 아들로 태어나 어릴 적부터 성격이 밝고 흉내 내기를 잘하는 아이였다. 그의 아버지는 지독한 장사꾼이었고, 가정에서 자식을 매질하는 폭군이었다. 체호프는 보통 가정의 아이들 모두가 아버지에게 매를 맞고 자라는 줄 알았다고 한다. 아버지가 파산한 후 가장 역할을 하며 고학으로 학교를 졸업했다. 모스크바 대학 의학부에 입학하는 동시에 생활비와 학비를 벌기 위해 주간지와 신문에 기고하는 직업적 글쓰기를 한다. 필명 안토샤-체혼테를 사용하며 "의학은 나의 본처요, 문학은 나의 정부다."라고 말한 체호프는 본업인 의사의 의무를 다하면서 하룻밤 사이에 단편 소설 한 편을 쓸 정도로 기계적으로 글을 쓴다. 체호프는 거창한 소설이나 서사적인 희곡을 남긴 것은 아니다. 오히려 일상을 다룬 작품세계가 독특하다. 그의 유머 단편 소설 400편을 읽은 독자들은 여러 가지 감상을 느끼게 된다.

흔히 연극은 보는 것이라고 말한다. 우리는 무대를 통해 안톤 체호프의 『세 자매』를 보지만, 작가는 『세 자매』를 통해 보여주고 싶은 것이 분명 있을 것이라 예상하며 집중하는데 특별한 극적 반전은 없고 조금 밋밋한 편에 가깝다. 체호프 작품 중 4대 희곡이라 일컫는 『갈매기』와 『벚꽃 동산』, 『바냐 아저씨』와 『세 자매』에 이르기까지 아버지가 등장하지 않는다. 『세 자매』는 자매의 일상을 다룬 이야기다. 딸들을 보호하는 임무를 수행하지 못하는 아버지의 부재를 인식하면서 왜 체호프의 작품을 읽어야 하는가 생각해 본다. 그의 희곡은 등장인물의 일상생활과 대화가 주가 되어 인간사회의 관계와 문제 상황을 연극 무대를 통해 인생人生이란 탈출하지 못하는 환경에서도 이루지 못한 꿈을 안고 살아갈 수 있다고 조용히 말하고 있기 때문이다.

Ⅱ. 생각에 머물며

'세 자매'는 상실을 경험한다.

　지방 도시에 사는 군인 유족 가정이 무대이다. 부모님이 사망한 세 자매의 가정환경은 어둡다. 이미 상실을 경험한 세 자매의 꿈은 그녀들의 고향인 모스크바로 가서 사는 것이지만 쉽게 이루어지지 않는다. 세 자매의 사랑과 인간관계를 바라보면서 보이지 않는 운명에 휘말려가는 장면마저 인간적으로 느껴진다. 마을에 불이 나기도 하고, 주둔했던 군대마저 떠나간다. 특히 마지막 제4막은 작은 마을을 벗어나지 못하는 폐쇄적인 상황과 탈출을 꿈꾸지만 다른 어딘가로 떠나고 싶은 세 자매의 한숨만 들려온다.

　세 자매의 첫째는 '올가'는 맏이의 책임에 부담이 크다. 어머니가 돌아가시고 작년에 아버지가 사망한 후 28세 미혼이고 직업은 교사이다. 군인이었던 아버지의 영향으로 엄격하게 자랐지만, 큰딸이라는 책임과 교사의 의무를 완수하면서 부담을 느끼고 사는 인물이다. 어릴 적 고향을 잊지 못하며 언제나 돌아갈 곳은 모스크바라고 생각한다. 그러나 주체적인 삶을 개척하기보다 주어진 상황을 받아들이며 교직을 지키는 현실 순응형의 여성이다. 훗날 교장 선생님이 되는데 일에 파묻혀 부담을 가지고 살아가는 전형적인 직업인이다.

둘째 딸 '마샤'는 결혼의 의무와 사랑의 선택 사이에서 갈등한다. 중학교 교사인 남편과 사는 주부다. 겉으로 보기엔 단란한 가정을 꾸려나가는 것 같지만 따로 좋아하는 남자가 있다. 가정을 지키느냐 사랑을 선택하느냐의 갈림길에서 사랑을 선택하려는 용기 있는 여성인 동시에 적당히 가정에 무심한 여성이기도 하다. 현실과 이상 중에서 본인이 원하는 것을 추구하는 여성이다. 특히 마샤의 캐릭터는 체호프가 모스크바 예술극장의 '올리가 크니페(훗날 아내)'를 염두에 두고 썼다고 한다. 체호프는 아내와 엄마의 역할을 강조한 시절에 여성이라는 인격체를 가지고 사랑을 선택하는 용기 있는 여성을 표현하고 싶었던 것으로 보인다. 그녀는 사랑이 운명이고 숙명이라 말하며 사랑을 두려워하지 않는 인물로 보인다.

셋째 딸 '이리나'는 어리지만 성장하고 있다. 스무 살의 이리나를 좋아하는 늙은 남자가 많다. 작은 도시를 벗어나고 싶지만 떠나지 못해 답답해한다. 전신국에서 일했고, 시청에서 근무하면서 23살의 나이가 되었다. 희망이 없다고 느끼는 삶에 투젠바흐 남작과 결혼을 약속하지만, 결투 신청을 받은 남작이 죽는 불상사가 생긴다. 결국, 교직에 자신을 맡기겠다고 결심하는 여성으로 성장해 간다. 그렇지만 여전히 진정한 사랑을 원하고, 대도시로 향하는 꿈을 포기하지 않는 인물이다.

'세 자매'의 주변 인물을 분석하면 분명한 액션이 없다.

체부트이킨은 대학을 졸업한 이후 책 한 권 읽지 않고 살면서 결혼할 시간도 없었던 늙은 군의관이다. 인생을 다 알고 있는 듯한 사람이지만 고독을 무서워한다. 포병대장 베르쉬닌은 45세의 재혼남으로 아내가 자살하겠다는 말에 질려서 고민하는 남자다. 만일 다시 인생을 산다면 결혼하지 않겠다는 사람이면서 마샤와 연애를 하는 덧없는 인물이다. 『세 자매』는 예술극장 공연을 위해 썼다고 하는데 등장인물이 분명한 행동을 취하지 않는다. 사랑의 도피를 선택하거나 집을 떠나는 등의 과격한 행동을 하지 않는다. 그들의 의식은 인간답게 살아가지 않으면 안 된다는 내적 저항하는 인물이라고 이해를 하면 큰 무리가 없다. 세 자매에 나오는 남성 인물은 우리 주변에서 흔히 볼 수 있는 남자 사람의 모습이다.

체호프의 희곡과 현대 연극 공연을 비교한다. 실제 대학 연극영화과에서 연출한 연극은 세 자매의 현재 사랑에 초점을 맞추어 대사가 현대적이고 무대 위의 분위기가 밝다. 무엇보다 자매간 보이지 않는 경쟁과 남자들의 질투심이 드러나 관객이 깊이 빠져든다. 그러나 체호프의 『세 자매』는 고전식 대화를 주고받는다. 시골 마을에서 일어나는 작은 사건이 지루하고 배경이 어두운 편이다.

주변 남성들의 사고와 행동을 비판한다. 안드레이는 세 자매의 오빠이며 대학교수가 되려는 꿈은 사라지고 시의원이 된 것을 자랑스럽게 생각한다. 군인 아버지의 높은 기대에 부응하며 공부했지만 쓸데없이 많이 배운 것 같다는 평을 듣는다. 유모차를 밀고 다니지만, 아이를 잘 돌보는 가정적인 남편이 아니다. 또 나타샤를 아내로 사랑하지만, 아내의 외모와 아내라는 구성원으로서 아내를 사랑하는 남자일 뿐인 속물적 남자다. 아버지가 남긴 집과 유산을 자매와 의논하지 않고 혼자 처리해 버리고 도박을 즐기고 늘어난 빚 감당을 힘들어하는 무대책 남자의 표본이다. 세 자매를 돌보고 가정을 지키기보다는 자신의 욕망을 추구하는 형으로 여동생들이 정신적으로 기댈 수 없는 남자다.

쿨르이긴은 마샤의 남편이자 중학교 교사로 올가의 제부이다. 같은 교사인 올가를 은근히 사랑하며 존경하는 남자다. 성실하다. 뜨겁고 차갑지 않아 무던하다. 가정을 지키기 위해 아내가 느끼는 불륜의 감정마저 이해하지만 크게 매력을 느낄 수 없는 인물이다. 숄료느이 대위는 셋째 딸 이리나를 사랑한다. 태어나서 처음으로 이리나에게 사랑 고백을 하지만 거절당한다. 이리나를 사랑하는 경쟁자는 죽이겠다고 말할 만큼 사랑의 집착이 강하다. 이리나가 결혼할 투젠바흐 남작과 결투를 벌여 실제로 그를 죽여 버리는 모진 남자다. 나이 든 집사 페라폰트, 여든 살의 유모인 안피사는 세 자매의 주변 모든 일을 알고 지켜보지만, 소외되지 않으려는 노인의 표상으로 여겨진다.

세 자매에게는 아버지 같은 정신적 지주가 없다. 세 자매의 아버지는 군인이었고, 군대가 주둔한 지역에서 살아 온 세 자매의 주변엔 직업군인이 많은 환경이다. 군복을 입고 있을 때 남자가 절도 있고 멋있지만 군복을 벗었을 때 체격과 외모가 오히려 왜소해 보인다는 대화에서 남성에 대한 외모뿐만 아니라 정신적인 존경을 할 수 없다. 세 자매의 자립 의식은 자연발생적이지만 당장 거주 지역을 벗어나지 못하고, 마을에 주둔한 군대마저 다른 지역으로 떠나서 마을의 분위기는 더 암울해진다. 이리나의 결혼 상대가 결투로 죽으면서 결혼도 허사가 되었다. 4막의 마지막 대사에서 "살아야 한다, 살자"라는 말을 되풀이하며 막이 내리는데, 여성이 남자에게 기대어 살던 시대 배경에 깔린 여러 사건은 시간의 흐름에 따라 바뀔 것이다. 남성 의존의 옷을 벗어 던진 세 자매가 누릴 수 있는 행복으로 되돌아올 것이라고 짐작한다.

Ⅲ. 나오며

 체호프(1860~1904)는 자신의 희곡이 비극보다는 희극에 가깝다고 말했다. 116년 전, 그는 44세의 나이로 작가 생활 25주년에 폐결핵으로 사망했고 모스크바의 노보제비치 수도원에 매장되었다. 그가 생존했던 시절의 창작활동은 감정이라는 소용돌이에 몰리기보다 매일 성실하게 글을 쓰고 다듬고 매만지면서 자신의 작품 수준을 부단히 끌어올렸을 것이다. 그 결과물이 다작多作의 신新 고전으로 자리 잡았다고 본다. 그러나 시대가 바뀌었다.

21세기를 사는 우리가 『세 자매』를 읽고 또 연극으로 보면서 그가 말하는 주제와 가치를 찾는 이유가 바로 여기에 있다고 본다. 러시아 속담에 "사모바르(찻주전자)와 여식은 어디에나 간다."라는 말이 있는데 남성 위주의 세계를 대변하는 말이다. 이미 부모를 잃은 상실의 경험을 비롯해서 세 자매가 원하는 것을 이루지 못하고 있는 문제 상황은 여성이라서, 결혼을 앞둔 남편이 결투로 죽어서, 간절히 원하는 대도시로 가지 못해 생긴 문제들이다. 오히려 이러한 문제점들이 세 자매를 더욱 단단하게 만들 수 있는 계기가 될 수 있다. 세 자매의 앞을 가로막는 나쁜 상황은 분명 달라질 것이다. 세상에 영원한 사랑이 없고, 영원한 직업도 없고, 추구하는 이상이 완벽하게 고정된 것은 아니기 때문이다.

  세 자매가 꿈꾸는 이상향과 직업 그리고 사랑을 위해 노력할 것이라고 믿는다. 또한, 그녀들이 추구하는 꿈의 모스크바 역시 다른 곳으로 바뀔 가능성도 있다. 스스로 마음을 가다듬고 무엇을 준비하고 어떻게 가꾸어야 하는지에 관한 고민이 먼저다. 과거엔 남성에게 선택받는 여성이 되었지만, 오래전부터 현명한 남자를 고르는 여자가 늘어가고 있다. 다만, 세 자매가 남성(타인) 위주의 세상에서 끌려가지 않으려면 자기 발전을 위한 성실한 노력이 필요하다. 끝없이 문학을 사랑한 남자 안톤 체호프는 당당한 가치관을 가지고 꿈과 사랑을 거룩하게 이루어내려는 사람들에게 희망을 버리지 말라는 메시지를 정확하게 남기고 싶었을 것이다.

제4부

어게인 보이스 피싱

빵천동에서

마린버스

어게인 보이스 피싱

꽃비 내리는 산책로

밀수카페에서 만난 바다도서관

네 얘기를 들려줘

머리카락 이야기

사랑의 자기장

빵천동에서

빵 굽는 마을이 있다. 도시철도 남천역과 금련산역 홀수 출구로 나오면 광안리 바다 쪽 골목마다 빵집이 자리 잡았다. 학원이 밀집된 동네라 자연스럽게 빵집이 들어섰는데 빵천동이라 부른다. 어쩐지 "빵천동" 하면 기분이 좋아진다. 금방이라도 오븐에서 빵이 나오고, 고소한 빵을 먹는 사람들이 웃는 얼굴로 마주 보는 장면이 머릿속에 그려진다.

부산에서 이름난 지역은 해운대 광안리 바다와 회 센터, 금정산이라 생각하지만, SNS를 즐기는 젊은이들은 광안리 바닷가를 찾아올 때 빵천동을 많이 검색한다. 새로운 빵집을 개척하듯이 찾아내 블로그에 올리면서 스스로 광고 효과를 낸다.

남천동 빵집은 가게마다 내세우는 브랜드가 다양하다. 유기

농 재료를 사용하는, 소라 빵이 유명한, 식빵으로 소문난, 바게트가 맛있는, 국적 불명 퓨전 빵을 만드는 여러 빵집이 우리를 궁금하게 만든다. 재미있는 사실 하나는 외지사람들이 빵집 정보를 줄줄이 꿰고 찾아와 실제 거주하는 주민에게 오히려 정보를 알려준다는 점이다.

  담백한 빵 냄새가 바람을 타고 흐른다. 천천히 골목을 걸어 좋아하는 빵집 간판을 찾아 문을 열고 들어간다. 빵을 구경하다 맘에 드는 빵을 담는다. 차를 주문해 놓고 잠시 기다린다. 후각과 미각이 자제되지 않는 아찔한 순간에 어릴 적 기억이 떠오른다. 사실 남천동은 내게 가슴 아린 추억이 있는 곳이다.

  사십 년 전, 10년 동안 이곳에서 살았다. 약한 체질로 태어난 나는 평범한 유년 시절을 보냈다. 그러다 갑자기 여고 1학년부터 목이 아프기 시작했는데 병명이 없었다. 육 년 동안 병원에 다니며 치료와 수술을 했지만, 재발을 거듭해 생사의 고비를 힘들게 넘기고 있었다. 그때 어머니는 집을 팔아서라도 막내딸의 목숨을 살려내겠다고 마지막 수술에 동의하는 결단을 내리셨다. 기적같이 완치되어 내 생명줄이 연장되었다. 꿈이 많아야 했던 십 대 시절은 밋밋했지만, 나로서는 생의 치열한 시기를 어머니가 지켜주신 덕분에 살아났다. 그런 기억 때문에 세월이 지난 후 남천동에 살지 않아도 관심이 저절로 생긴다.

그 무렵 남천동은 대단지 아파트를 짓기 시작했다. 아파트 입주가 시작되자 주택가 골목에 학원들이 자리 잡기 시작했다. 학원을 오가던 학생들에게 건강한 먹거리를 제공하는 빵집과 떡집이 하나씩 생겼다. 그 빵을 먹고 자란 아이들이 멀리 서울의 대학에 진학했다가 부산에 오면 그리움이 담긴 빵집을 찾아왔다. 그렇게 한두 개 있던 빵집이 늘어나기 시작하더니 얼마 전부터 빵집이 즐비한 골목으로 바뀌었다.

빵천동은 젊다. 전포동 카페거리처럼 오가는 사람들도 젊다. 학원에 다니는 인근 초중고 학생들, 근처 대학가와 광안리 바닷가를 찾는 젊은 관광객이 주로 찾아온다. 큰길을 건너면 성당과 교회, 소극장이 있고, 가까운 곳에 도서관이 자리하여 인문학 거리를 조성한다. 젊은 거리에서 달콤한 빵은 입안에 군침이 가득 돌게 만들고 마음을 따뜻하게 만드는 힘이 있다.

내가 어릴 적 간식거리는 주로 집에서 만든 밑간이 심심한 엄마표 간식이 보통이었다. 어머니는 자주 밀가루 반죽에 막걸리를 넣어 발효시킨 영양빵을 쪄 주셨고, 팥을 넣은 찐빵이나 돼지고기와 채소가 듬뿍 들어간 만두를 만들어주셨다. 친구들이 놀러 오면 특별히 쌀가루를 빻아 호박을 넣은 떡을 쪄 주신 기억이 난다.

  나는 어머니가 챙겨준 건강한 먹거리 덕분에 작은 키가 조금 자랐다. 교복 치맛단을 내려도 맞지 않아서 새로 교복을 맞추었다. 여고 시절엔 하굣길 버스에서 내려 남천동 골목에 들어서면 바닷물 냄새 미역 냄새가 묻어났다. 지금은 그때처럼 바다 냄새는 느껴지지 않지만, 언제부터인가 고소한 빵 냄새가 대신 풍겨 나온다.

  커피 한 잔과 빵 하나는 한 끼다. 빵은 육천 년 인류의 역사를 통해 탄생하고 성장하고 소멸하는 순환 구조로 되어 있다는 책을 읽었다. 철학이 빵을 굽지는 않지만, 빵을 굽게 만드는 의지를 갖게 한다는 내용이 있었는데 한마디로 말하면 빵은 '생명'이다. 그런 의미로 접근하면 빵천동 거리는 발전 가능성이 크다.

  수영구에서 조사한 빵천동 거리에 빵집은 현재까지 서른일곱 개다. 전국 어느 곳을 가더라도 특정 지역에 이렇게 모여 있는 곳은 보기 드물다. 빵이 매개체가 되어 색다른 마을 분위기를 만든다. 앞으로 빵집이 더 늘어나 남천동의 새로운 전통이 되기를 바란다. 가게마다 특별한 빵이 사람들을 부른다면 현대적인 전통마을로 확고하게 자리매김할 것이다. 맛있는 빵과 고소한 냄새의 추억과 오래된 감성까지 묶어서 팔면 더 좋을 것 같다.

대표 브랜드가 건강한 빵, 다양한 종류의 빵, 가격마저 좋은 빵에 친절이 넘친다면 빵천동은 분명 부산을 대표하는 행복한 마을이 될 것이다.

  광안리 바다에서 골목으로 들어가면 첫 집이 빵천동 1호인데 팥빵이 유명하다. 주민 센터를 지나면 맛 좋은 초콜릿 빵이, 해변시장으로 통하는 길에는 도넛이, 벚나무 길을 걸으면 선물하고 싶은 치즈케이크가 기다린다. 거리를 감싸는 빵 냄새와 건강한 웃음소리가 넘치는 빵천동에서 덤으로 마음의 여유까지 누릴 수 있으면 좋겠다. 추억이 살아있는 빵집이 대를 이어가길 바라는 마음이다. 더불어 내 목숨과 맞바꾸었던 옛집이 그 골목에 그대로 남아있기를 바란다.

마린버스

 버스 계단에 올라 카드를 찍는데 버석거리는 모래가 보인다. 잠시 주춤, 버스를 잘못 탔나. 모래 위엔 파도가 밀려와 하얀 거품이 일었다가 사라진다. 버스가 아니라 바다로 들어왔다. 안을 둘러보니 갈매기가 유리창에서 날아다니고 서프보드는 바닷물 위에 떠 있다. 푸른 바다에 풍덩 빠진다. 착시가 아니기를.
 자리를 잡고 앉았다. 앞좌석 등판 광고에는 이런 글이 적혀있다.
 "부산에 딱 5대! 부산마린버스를 타셨군요!"
 "지금, 마린버스를 찍어 블로그/인스타그램에 공유하세요!"
 승객이 열 명 남짓인데 어리둥절하면서 다들 싫지 않은 미소를 짓는다. 찰칵찰칵 소리도 난다. '#부산마린버스 #메트로마린 #부산시대중교통이벤트 #힐링메시지 #부산관광'에 사진을 올리고 있다. 하루 일을 끝내고 마음의 여유가 없으면 짜증이 나고 지칠 텐데 발밑의 푸른 바다가 이렇게 위로가 될 줄 어찌 알았을까.

　수많은 부산버스 중에 마린버스는 5대뿐이다. 우연히 탄 버스가 바다에 갈 형편이 아닌 나를 바다로 데려가는 것 같아 기분이 좋아진다. 의자에서 일어난다. 어른이라는 체면과 부끄러움은 무시한다. 나는 내 안의 아이를 불러 아이처럼 바다 위에 떠 있는 서프보드에 발을 올린다. 갈색 보드 위에서 균형 잡은 몸이 파도를 타며 넓은 바다를 향해 나아간다.

　승객도 슬며시 웃는다. 그들 역시 하차 버튼을 누르고 일어나면서 서프보드 위에 발을 올리며 신나게 사진을 찍는다. 어른들이 서핑을 즐기는 생경한 풍경이 서핑 감각을 익히는 떨림으로 버스 안에 스며들었다. 모르는 사람이 서로 마주 보고 웃는다.

　몇 년 전, 서울에서 '타요 버스'가 유행했다. 강렬한 원색으로 버스를 도색하고 자동차 그림을 넣어 서울시민들이 인증사진을 찍는 진풍경을 연출했다. 특히 어린아이들은 정류장에서 일반 버스를 보내며 '타요 버스'를 끝없이 기다리던 도시풍경이 기억난다. 어른은 버스를 기다리며 타지 않는데 아이들은 체험하려는 본능이 강력했다.

서핑을 즐기던 나는 아쉬움을 참으며 수영교차로에서 내렸다. 버스 정면엔 어린 왕자와 여우가 앉아있는 감천마을이 있고 출구 옆쪽은 물결무늬와 부산을 상징하는 용두산 공원과 광안대교가 그려진 국제여객 210번 1051호 마린버스를 바라본다. 초읍에서 사직동, 안락동을 지나 연산, 망미, 수영, 민락수변이 종점인데 코로나19에 지친 부산시민을 위로하고 응원하기 위해 기획되어 계속 운영되고 있다.

니체가 말했던가. 인간의 세 단계 변신은 타인의 짐을 지느라 자신의 행복을 돌볼 틈이 없는 '낙타'가 첫째이고, 자유를 위한 '사자'가 두 번째 단계란다. 그러나 진정한 초인은 '어린아이' 단계라며 어린아이가 되어 놀이하듯 자기로 돌아갈 때 창조가 가능하단다. 어른이라는 의무감에 얽매어 어쩔 수 없이 하는 일이라 생각하면 창조의 샘이 솟아나지 못한다고.

관습에 빠지지 않는 마음이 있어야 나의 세계를 즐길 수 있을 터, 혹시라도 바다를 실은 마린버스를 타게 된다면 어린아이의 새로운 호기심을 마음껏 누리길 바란다.

어게인 보이스 피싱

 8월 하순 오전 10시. 전화가 왔다. 자신을 택배기사라 밝히며 ○○마스터 카드가 발급되었으니 오후 5시 전 방문하겠단다. 나는 카드 발급한 적이 없었기 때문에 수취 거부하면 자동 취소되는 게 아니냐고 반문했다. 그는 내 이름과 전화번호를 재차 확인하며 서울시 동작구 ○○아파트 아니냐고 물었다. 주소가 달랐다. 부산인데 서울로 카드 발급이 되었으니 아무래도 개인정보 명의 도용한 카드 발급 같다며 걱정한다. 곧이어 서울 본사 02-515-0849로 전화해서 담당자에게 취소한 후 다시 자기에게 사고 처리 상황을 알려줘야 반송 처리한다며 전화를 끊었다.
 황당했다. 최근 부쩍 개인정보 유출로 온갖 도박 게임과 주식 판매를 유도하는 문자가 많이 오더니 이젠 개인정보를 빼돌려 카드 발급까지 하는 세상이 되었구나. 혼자 한숨을 쉬며 전화를 걸었다.

"전화 받았습니다. ○○카드 사고 예방 팀 신정윤 대리입니다."

친절한 남자 말투였다. 내 이름을 밝히고 명의 도용한 카드 발급이 있는지 확인을 부탁했다. 카드 발급 건수가 1건 있단다. 이름은 같은데 주소가 다르니 본사로 와서 취소하는 게 가장 빠르단다. 나는 부산에 살고 있어서 지점을 방문하겠다고 하니까, 본사까지 올 수 없다면 휴대전화로 취소 가능하단다. 지금 통화하는 걸로 담당자가 취소 확인하면 되지 않느냐고 되묻는데 플레이스토어에 들어가면 원격지원해피앱이 있어 버튼 몇 개만 누르면 바로 취소된단다.

"왠지 서울 본사로 오라는 말이 이상하네요. 보이스 피싱 아닌가요?"

"고객님. 여기는 서울 본사이기 때문에 절대로 보이스 피싱 아닙니다. 며칠 전 뉴스 보셨죠. 명의도용 피해 카드 발급 신청 건수가 많아요. 그분들 본사에 와서 빨리 카드 발급 취소 신청을 하지 않아 더 큰 피해가 생겼어요."

"그럼, 원격지원 앱을 통해 본인 인증하면 바로 취소가 되나요?"

"네. 앱 깔아 실행하고 인증을 거치면 바로 발급 취소 등록이 끝납니다."

그 말을 듣고 앱을 내려받던 중 온몸에 기분 나쁜 느낌이 쫙 번져나갔다. 혹시 보이스 피싱이 아닐까? 앱 실행 시간은 불과 몇 초밖에 남지 않았는데 말이다.

"저기요, 어쩐지 보이스 피싱 같아서 은행에 확인하고 다시 전화할게요."

"고객님. 여기가 ○○카드 본사인데 지점을 가신다고요?"

급히 전화를 끊었다. 두 손이 떨렸다. 내려받던 앱을 제거하고 은행에 보이스 피싱 신고를 했다. 깜짝 놀란 카드 담당자는 은행과 카드회사는 절대 원격지원 앱을 설치하라는 말을 하지 않는단다. 그리고 만에 하나 모를 일이지만 모든 은행의 거래정지를 걸어놓을 테니 서비스센터를 방문해 반드시 휴대전화기를 초기화하라는 당부의 말을 남겼다.

문제는 이때부터였다. 평범한 일상이 멈춘 것 같았다. 참으로 귀찮고 불편했다. 전화 한 통으로 시작한 보이스 피싱 때문에 휴대전화를 초기화하고 프로그램을 찾아 재설치하면서 꼬박 며칠이 걸렸다. 그동안 사용했던 연락처와 문서를 정리하고 각종 가입 사이트의 비밀번호를 바꾸고 휴면계좌를 폐기했다. 일주일이 지난 후 은행을 방문해 본인 인증 확인을 거친 후 거래 정리를 풀면서 정말 기억하기도 싫었던 20년 전 고통이 되살아났다.

그날, 나는 건강보험공단에서 수술비와 입원비가 과다 산정되어 69만 원을 환급해 준다는 한 통의 전화를 받고 통장을 들고 은행으로 달려갔다. 은행 건물 안이 아니라 바깥 ATM기가 설치된 곳에서 내 통장을 원격 조정하면서 잔액을 대포통장으로 보냈던 신종 보이스 피싱이었다. 그때 너무 억울해서 경찰서 지능범죄수사대에 전화 금융사기 사건 신고진술서를 접수했고, 수개월이 지나 조직원을 일망타진했다는 지방법원 결과통지서까지 받았지만, 끝내 범죄 집단으로부터 돈은 회수하지 못했다.

전화금융사기를 당하고 나면 자신의 무능함을 자책하고 몸서리를 치며 후회하는 시간을 보내게 된다. 한순간 바보가 되어 버린 나는 사람도 전화도 기계도 믿지 못할 정도로 불신의 시간을 보냈다. 출처가 불분명한 전화번호는 불안해 스팸 및 차단 번호로 수신 거부하였고, 불법 사이트 문자를 받으면 무력감에 빠졌다. 이제 이십 년이 지나 겨우 잊을 만했는데…. 심장이 아팠다.

어게인 보이스 피싱! 호시탐탐 불특정 다수를 노리는 음성과 개인 정보, 낚시를 합성한 보이스 피싱에 소름이 돋는다. 만약 이번에도 까닥 잘못했으면, 앱 실행하던 손가락을 조금 더 빨리 움직였더라면, 가짜 카드 담당자를 계속 믿었더라면 어떻게 되었을지 짐작하기조차 싫다. 확인해 보니 괘씸한 택배기사의 전화번호와 사기꾼 ○○카드 담당자의 서울 전화번호는 모두 결번이라고 하지 않는가.

 썩은 나무는 조각하지 않는다. 사악한 목적을 가진 집단. 개인의 약점을 이용하고 허술한 시간을 파고들어 빈틈을 노리는 집단. 당하는 사람은 많은데 상대적으로 잡히는 수가 적은 범죄 집단. 그래서 더욱 진화하여 잡기 어려운 집단이 되어버린다.

 범죄를 막는 유익한 집단이 절대적으로 필요한 시대이다. 흔히 하는 말로 전화금융사기를 당하지 않으려면 소중한 내 정보 노출을 자제하고, 모르는 전화는 의심하라는 말 외에 어떤 위로의 말을 할 수 있겠는가. 그나마 과거 보이스 피싱을 당한 경험으로 두 번 당하지 않았다는 안도감은 생기지만, 앞으로 국민의 삶을 위해 사회와 국가가 할 수 있는 더, 더, 더 강력한 보이스 피싱법이 계속 보완되어야 하지 않을까.

꽃비 내리는 산책로

강과 꽃, 연극과 사람이 만났다. 벚꽃이 활짝 핀 4월 5일, 6일, 12일, 13일 오후 2시 수영강 산책로에서 '수영강 블로썸데이'가 열렸다.

대한민국 문화도시 사업의 일환으로 진행된 수영구 청년연극 단체 아이컨택(ICONTACT)의 관객 참여형 공연이다. 사주와 운명을 소재로 한 연극 공연과 강과 꽃을 배경으로 한 예쁜 포토존과 꽃차, 개인의 사주와 관상까지 볼 수 있어 재미가 쏠쏠했다.

시원한 강바람에 자전거를 타거나 바람에 휘날리는 꽃비에 나들이객 얼굴이 밝다고 느낄 무렵 신나게 무대를 여는 노래와 춤이 시작되었다. "어~ 얼쑤 좋다" 젊은 배우들이 흥을 돋우고 손뼉 치며 호응하는 사람들 모두 신났다.

"0.2초의 법칙. 사람이 사랑에 빠지는 시간은 얼마쯤 될까요?

혹시 운명과 사주를 믿으시나요?" "꽃이 피면 우리는 다시 만나겠죠. 꽃이 피고 바람이 불고 나는 다시 이곳에 서 있네요." 마치 수영강 산책로에서 운명 같은 사랑을 다시 만날 것 같은 생각이 불현듯 일어 마음이 설렜다.

어느 문학평론가는 수영강이 프랑스 센강보다 훨씬 더 아름답다고 했다. 세계 어느 유명한 강과 견주어도 부족하지 않은 환경이다. 편안하고 안전한 산책로와 벚꽃 등 각종 꽃이 조화롭게 피어나며 대중교통으로 접근성도 좋다.

이곳을 손잡고 걷는 노부부가 있다. 과일 도시락을 맛있게 먹고 유유히 흐르는 강을 보며 대화하는 장면이 인상 깊다. 매일 애완견을 데리고 산책하는 김효원(28세, 해운대구) 씨는 문화공간으로 최고란다. 산책길이 울퉁불퉁하지 않아 걷기 좋고, 주변이 깨끗하고, 벤치가 있는 공간이라며 자랑한다. 또, 박건률(동래초 3) 학생은 부모님과 자전거로 원동교까지 갔다가 잠시 숨을 돌리고 쉬면서 공연을 보니 더 기분이 좋아졌단다.

공연이 막바지에 이른다. "사랑은 무엇일까요?"라는 질문에 대답하는 관객에게 선물을 나눠준다. 꽃비가 내리던 어느 날. 사랑의 감정을 부르는 낭만적인 연극은 끝났다. 누군가에게 잊을 수 없는 봄날의 특별한 하루가 아니었을까.

밀수카페에서 만난 바다도서관

 국내 최초의 수변공원인 민락수변공원(밀수카페)은 술과 담배를 금지한 후 시민을 위한 문화공간으로 변신했다.
 이곳에 5월부터 10월까지 매주 금토일 수영구에서 밀락수변카페를 운영하고 있다. 50동의 북텐트로 이루어져 누구나 이용할 수 있다. 특히 부산바다도서관 행사와 연계하여 6월 14일부터 7월 6일까지 매주 토·일요일 11시부터 20시까지 바다를 조망하며 독서의 즐거움을 만끽할 수 있는 수변도서관을 운영하여 화제가 되고 있다.

6. 14.~7. 6. 토일 바다 도서관 운영
 바다도서관엔 4천5백여 권의 책이 있고, 원하는 책을 바구니에 담아 북텐트에서 읽거나, 바다를 배경으로 책멍 할 수 있는 공간 등 다양한 문화공간을 만들어놓았다.

젊은 층이 좋아하는 작가를 초청한 북토크와 여름 바다의 낭만을 유쾌한 밴드 음악과 함께하니 독서문화 놀이터처럼 느껴진다.

내가 찾은 날인 6월 14일은 비가 내려 북토크 행사가 밀락더마켓으로 자리를 옮겨 진행되었다. '아무튼, 디지몬'의 천선란 작가와 함께하는 소중한 시간이었다.

우연히 가족 나들이 나왔다가 바다와 책의 매치가 기대되어 행사를 보러왔다는 김○○(초등 5, 해운대구) 가족은 책 덕분에 기분이 좋아졌다고 하였다. 또, 북토크를 예약하고 친구와 함께 참가한 이○○(22세, 부경대학교) 학생은 좋아하는 작가를 초청해 주어서 주말마다 오고 싶다는 말을 남겼다. 그리고 수변공원에 자주 온다는 오○○(46세, 남구) 씨는 밴드 음악도 좋고 시원한 바다를 볼 수 있어서 고맙단다. 특히 민락수변공원에서 일본 단체관광객을 보니 수변공원은 이미 부산의 대표적인 관광코스가 된 것 같다.

북토크 책처방 등 행사 다채

부산바다도서관은 성해나, 고선경, 배길남, 김비 등 작가와의 북토크 외에도 ▲책 속 문장을 손으로 새기는 필사존 ▲나에게 맞는 책을 추천하는 책처방 ▲지역서점의 책방지기와 이야기하는 독서토론 프로그램 ▲독서모임 지원 ▲독서용품 관련 플리마켓 등 프로그램이 풍부하다. 반려동물과 함께하는 친화 독서공간인 '멍독멍글' 공간도 이색적이다. 보통 날씨가 흐리지 않으면 밀수카페에서 하는 행사는 모두 다 참여하고 즐길 수 있다.

스트레스를 감소하는 방법은 많지만, 그중 독서가 스트레스를 줄이는 데 좋은 효과가 있다고 한다. 밀수카페에서 자연을 즐기며 이색 행사에 참여하고 여유 있게 행복한 추억을 만들어 보자. 가벼운 마음으로 책 한 권 들고 나와서 푸른 파도 소리가 들리는 수변공원을 나만의 독서 공간으로 만들어 보면 어떨까?

네 얘기를 들려줘

 녹색 마을버스가 학교 정문 앞을 달린다. 마을과 마을을 잇고 골목골목을 누비는 버스 노선에는 '학교 앞'이라는 단어가 제법 들어있다. 장대골을 지나 호암초등학교와 동아중학교에 다다르자 버스는 속도를 줄이고 급경사 내리막길로 내려간다. 좁았던 길이 재건축 아파트가 들어서면서 조금 넓어지고 있다. 골목 사잇길로 접어드니 "다음 정류장은 수영중학교 뒷길입니다."라는 안내에 이어지는 노래가 어쩐지 예사롭지 않다.

 "117을 눌러줘. 네 얘기를 들려줘. 친구처럼 항상 너의 곁에 있을게. 학교폭력 상담 신고는 117. 부산 경찰이 함께하겠습니다."

 이 노래를 들을 때마다 가슴이 시리다. 우리나라 청소년 자살률은 교통사고 사망률보다 훨씬 높다. 불우한 가정환경, 체벌,

외모 비하와 왕따, 폭행 등 학교폭력으로 인생을 포기하려던 여러 아이 이야기가 남의 사정만이 아니다.

그동안 내가 만난 아이들은 모두 성격 좋고 공부 잘하고 교육 환경이 좋은 학생만 있는 게 아니었다. 새 학년이 되면서 친구가 없거나 또래보다 작아 놀림을 당하면 기氣가 눌린다. 특히 이사 온 경우 새 학교는 낯설고 불편하다. 성격마저 소심해 먼저 말을 건네지도 못한다. 공부를 못하는 이유로 투명인간 취급을 당하고, 외모를 비하하는 모욕도 견뎌낸다. 인터넷 게임에서 따돌림과 괴롭힘을 당하는 예도 있는데 친구들과 비교하면 조금 눈치 없고 조금 다르게 생겼고 조금 다른 환경에서 살다 보니 적응이 늦었을 뿐이었다.

새해 안부 문자가 도착했다. 그의 카톡도 있다. 그는 중학교 1학년부터 키가 작고 체격이 왜소하여 은근히 왕따를 당했다. 어눌하게 말을 한다고 돌림을 받아 자퇴와 자살까지 생각했던 남학생이다. 공부가 문제가 아니었다. 심리전에서 패배한 그는 살아야 할 이유가 없다고 했다. 3학년이 되자 말을 삼키던 복화술 발음을 없애고 키도 컸지만, 또래 아이들의 인식을 바꿀 수 없었다.

보통 남학생은 잘 울지 않는다. 눈물을 삼키며 눈만 껌벅이는 그를 일부러 울렸다. 억울한 마음을 푸는 방법은 참는 것만이

능사가 아니라며 바닥까지 닿아 있는 자존심을 자극했다. 푹 자고 골고루 먹자, 괜찮은 사람이 되려면 먼저 인사하자, 기가 눌리면 지는 거니까 거울을 보면서 눈빛에 힘을 실어주자, 싫을 땐 싫다고 분명히 말하자, 정확한 발음을 하자는 내 주문이 힘들어 포기한다는 말을 자주 했던 아이다.

그의 간절한 노력으로 말투가 분명해지기 시작할 즈음 고등학생이 되었다. 180㎝가 넘는 키에 어깨가 떡 벌어진 건장한 외모로 변신하였다. 중학 시절의 나쁜 트라우마에 사로잡히지 않도록 비타민을 한 줌 가방에 넣어 학교로 보냈다. 먼저 나누는 법, 먼저 웃고 인사하는 법, 먼저 말 거는 법을 몸에 익혀 차츰 모나지 않는 힘을 갖춘 평범한 학생이 되었다. 어느 날 그가 진지하게 말했다. 나중에 군대 갈 때 동반입대 하고픈 친구가 생겼다고. 그에게 거룩한 일이었다. 현재 그는 대학생이다. 비대면 수업으로도 친구를 사귀는 활발한 청년이 되었다는 문자를 읽고 저절로 눈물이 났다.

아이 한 명을 제대로 훈육하려면 어른 서른 명 이상의 관심이 필요하다고 한다. 최근 주목받는 드라마 「펜트하우스」를 보면서 어른의 역할과 아이의 교육에 대한 설계를 재점검한다. 마을버스에서 울리는 학교폭력 노래와 무슨 연관이 있을까 하는 생각이 꼬리를 문다. 그러나 무심히 흐르는 노래도 어른들이 깊은 애정을 가지고 듣는다면 아이들의 목소리에 귀 기울여 줄 수 있지 않은가.

"아무것도 하지 않으면 아무 일도 일어나지 않아. 언제라도 네 얘기를 들려줘."

머리카락 이야기

　나이 오십 중반이 넘었다고 여자로 보이지 않는가. 머리를 길게 하고 다녔더니 주변에서 도통 이해할 수 없다는 듯 쳐다보다 못해 묻기까지 한다. 왜 머리를 기르느냐, 아가씨도 아니면서 뱅 모양 앞머리를 왜 하느냐며 귀찮게 군다.
　원래 나는 머리를 길러왔다. 다만, 수술한 덕분에 머리카락이 빠지고 끝이 갈라져 본의 아니게 짧은 머리가 되었을 뿐이다. 몸이 회복되어 머리카락도 건강을 되찾았고, 한동안 미용실을 가지 않아 자연스럽게 길어졌다.
　머리카락은 여성성을 상징한다. 여자는 여자다워야 한다는 주의자이므로 나이와 상관없이 머리를 기르고 싶을 땐 길러야 한다고 생각해 왔다. 수필 「여백을 위한 잡담」을 읽어보면 너나

없이 머리 모양 때문에 고민이 컸다는 것을 알게 된다. 구보 선생은 '일자머리'로 독특했다. 일제강점기에 조선인이 앞머리를 일자로 잘랐으니 일본 화가와 비교되고, 만담가와 외모가 닮았다고 견주며, 여류 작가와 흡사하다고 조롱당했다. 또 '자가선전'하며 튀고 싶어 한다고 곡해하는 사람들을 위해 해명한다고 밝혔는데 시대 불문하고 인식의 오해는 어디서나 가능하기에 공감이 가는 글이다.

내 머리가 아주 짧았던 적은 별로 없다. 여중고 다닐 때 귀밑머리 길이를 쟀던 시절과 연년생 남매를 낳았을 때 육아에 지쳐 영양이 부족했던 때와 항암치료 때를 제외하곤 늘 기르고 있었다. 그런데 주위 사람들은 나의 전체를 보지 않고 밝은 염색을 해보라, 짧은 머리가 어울린다며 다르게 변화하기를 원한다.

사람은 누구나 페르소나를 가지고 살아간다. 외적으로 보이는 인격, 가면을 쓴 인격이 무의식의 어두운 면이라고 '융'이 말하지 않았던가. 겉으로 보이는 성(性)을 상징하는 머리가 여성스러워지고 싶어서 기르고 있는 가면이라는 것을 알아차린다면 굳이 머리에 관해 캐묻지 않을 것이다.

수술 후유증으로 피부가 거칠어지고, 얼굴에 열이 오르고, 머리카락이 한 움큼씩 빠져 대머리가 되는 건 아닐까 걱정스러웠다. 만일 대머리가 된다면 어떻게 대처해야 할지 고민하는 시간이 보통보다 많았다. 대책 없이 빠지는 머리카락을 접착제로 붙이기도 쉽지 않고, 머리가 빠져 초라해지는 만큼 마음마저 황폐해져 우울증까지 생겼다. 새치가 아닌 흰머리가 나기 시작하면서 되돌릴 수 없는 젊은 날이 서글퍼지고 늙어가는 시간을 무작정 가속 붙여 흘려보내지 못하니 더 미련이 남았다. 시간이 약이라 부분가발로 감추었던 반질반질한 머리꼭지에서 연약한 머리카락이 돋기 시작해 삼 년이 지나서야 대머리 반열에서 탈출했다.

  사회적 동물인 우리에게 필요한 가면은 하나가 아니다. 자기만의 정체성이 필요할 때 머리를 기르든지 자르든지 어떤 모습을 취하든지 모두 자율 선택이다. 누가 간섭할 수 없는 자존의 문제다. 얼굴은 늙어 가는데 뒷모습만 아가씨 같다는 비아냥거림은 절대 사절이다. 타인을 향한 지나친 관심에서 자유로워지는 것이 자신에 대한 예의가 아닐까.

사랑의 자기장

지난겨울 어린 초록보리가 해변공원에 이식되었다. 초록보리는 제 몸을 바람에 싣고 자기 인생을 하늘에 맡겼다. 시간이 흘러 해풍이 보리이파리를 뒤적이고 햇살이 보리를 파고들고 달빛이 바닷물을 쓰다듬어 짙은 청보리로 쑥쑥 자라게 했다. 늦은 봄 다시 만난 청보리는 세상의 어떤 억울함이나 슬픔을 느낄 수 없을 정도로 우뚝 성장했다. 튼실한 줄기마다 알곡을 매달은 청보리가 되어 머리를 숙이고 있다. 이슬 보듬어 청아한 빛을 발하는 청보리를 보며 또 다른 풍요로움을 느낀다.

초여름의 보리밭이다. 청보리는 파도 소리에 깨어나 그들이 소곤대는 이야기를 들으며 바람에 흔들리는 움직임으로 화답한다. 청보리엔 생명의 환희를 전달하는 힘이 있다. 나는 어떤 자기장이 전달하는 짜릿한 전율을 사진으로 저장한 후에 휴대전화 프로필사진으로 선택했다.

  얼마 전부터 친구들이 퇴직한다는 소식을 알렸다. 퇴직하면 함께 밥을 먹고 여행도 자주 가자고 약속했지만, 여전히 너무 열심히 살고 있다. 한마디로 여유가 없다. 여유는 은은한 공기처럼 존재하고 아름다운 추억은 이유 있는 여유에서 나온다. 시간의 여유, 마음의 여유, 경제의 여유라는 삼박자 여유가 어우러져야 편하게 만날 수 있는데 시간과 경제는 되어도 건강이 나빠서, 마음은 있는데 돈이 없다는 핑계에서 벗어나 여유를 찾아야 했다. 누구는 퇴직 후 이직에 성공했고, 누구는 귀한 손주가 태어났으니 아이를 돌봐야 했고, 누구는 병원 출근 도장을 찍고, 누군 집안일에서 탈출하지 못하고, 나 역시 문학 공부하고 있으니 자연히 만남의 빈도는 약해질 수밖에 없었다. 그런데 갑자기 내 프로필사진에서 청보리를 보았다며 연락이 오고 있다.

  도대체 어느 곳에 있는 청보리냐? 청정해역의 청산도 청보리도 아니고, 유명한 고창 청보리도 아니면서 광안대교가 보이는 청보리라니 믿을 수가 없단다. 나는 아는 사람만 알고 모르는 사람은 아직도 모르는 곳인데 광안리 해변공원 청보리밭이라고 말해 주었다.

예부터 청보리는 먹을 게 없던 시절에 보리가 익기만을 기다리며 보릿고개를 견뎠던 구휼의 곡식이자 귀한 먹거리였다. 아이들에겐 주먹 놀이 '쌀밥 보리밥'에서 보리밥은 두 손으로 꽉 잡지 않아야 이기는 놀이였고, 연인들에겐 데이트하기 좋은 은밀한 장소였으며, 정약용의 「타맥행」에서 보리타작하는 날은 희망의 노래, 배부른 노래로 걱정 근심이 없는 노래로 불렸다. 건강한 몸과 마음이 일체가 되어 노동의 즐거움을 나누며 낙원이 먼 데 있는 게 아니라 하지 않았던가.

청보리밭에서 사랑의 자기장을 느낀다. 일상생활에서 사랑을 받고 싶은 나의 자각, 마찬가지로 타인을 포함하여 길가의 나무도 사랑을 느끼며 갈구한다고 본다. 보리밭에서 증오와 미움의 감정, 힘들었던 과거 시간은 보자기에 싸서 묻어두고 해풍에 익어가는 황금 보리처럼 연결을 잇는 만남이 필요하다.

곧 보리타작의 노래가 들려올 것 같다. 추운 계절을 견디며 성장하여 이제 수확을 앞둔 청보리의 자잘한 사랑을 찾아 전달하고 싶다. 내 주위에 강렬할 필요가 없이 평범하면서 따뜻한 행위, 청보리의 기운을 담은 좋은 바람을 보내고 싶다. 해변공원 청보리밭은 여유로운 마음을 나눌 수 있는 현장이다.

작품 해설

'집중하기, 찌르기, 솎아내기'
- 남정언의 「기막힌 순간」
권대근(부산교대 문예창작 지도교수, 문학평론가)

역사, 문학으로 다시 만나다
- 남정언의 「살아남은 사람 모두 곡을 하다」
진연후(수필가)

창작과 이해의 키워드
- 남정언의 「화지사 가는 길」
유한근(디지털서울문화예술대학교 교수, 문학평론가)

챗GPT가 이달의 평을 쓴다면
- 남정언의 「진묘수」
박영란(수필가)

'집중하기, 찌르기, 솎아내기'
– 남정언의 「기막힌 순간」

권대근(부산교대 문예창작 지도교수, 문학평론가)

　글쓴이의 흔적이 담긴 수필에는 작가가 사무치게 갈구하는 명작에 대한 그리움의 숨결이 반영되어 있다. 글에 무늬가 있어서 멀리 가는 글, 그런 글을 꼽으라면 평자는 남정언의 수필 「기막힌 순간」을 뽑겠다.
　남정언의 「기막힌 순간」은 올림픽의 환호를 글쓰기와 연결시켜 풀어낸 수작이다. 수필이란 어떤 글일까를 변용의 시학으로 잘 나타내었다. 선택과 집중이 필요한 수직적 글쓰기의 원리를 정말 기가 막히게 잘 묘파하고 있는 이 글은 작가의 글쓰기에 대한 고뇌의 흔적과 고심했던 얼룩이 군데군데 배어나온다.
　발단부는 '양궁'의 백발백중의 "텐! 텐! 텐!"으로 시작해서 인류의 역사를 바꾼 『총, 균, 쇠』를 '총, 칼, 활'로 구체화하고 다시 '사격, 펜싱, 양궁'으로 치환하는 과정으로 나아간다. 글쓰기 메커니즘을 본격적으로 전개하기 위한 몸 풀기 작업인 워밍업 단계에서부터 감탄사가 이어진다.

　이 수필의 압권은 수필의 창작과정을 '총, 집중하기' '칼, 찌르기' '활, 솎아내기' 삼단 구조로 열고, 다시 열정기, 권태기, 성숙기로 변용한 데 있다. 라캉의 욕망의 3단계 상상계, 상징계, 실제계를 연상하게 하는 이런 전이 기술은 글쓰기의 힘난한 여정을 단계적으로 구체화해 잘 보여준다.

　수필에서 가장 중요한 것은 주제나 제재의 단일화다. 하나로 모아진 결상에 집중해야만 수필이 된다. 그녀는 독자들이 잘 이해하도록 글쓰기의 그 어려운 과정을 사격에 비유하고, 권태기에 접어들었을 때 사격 선수의 눈빛을 보면서 권태로움을 극복했다.

　'칼, 찌르기'에서 그녀는 글쓰기의 두 번째 단계를 "역동적으로 빨리 상대를 향해 정확하게 찌르는 선수가 승리한다"는 펜싱 경기 룰에 빗대어 "수필가도 검객이다. 주제에 맞는 적확한 단어를 찾아 문장을 다듬고 정확한 지점에 그 단어를 찔러 넣어 문맥을 살려야 한다"고 하면서, 전문검객이 되기 위한 전략을 세 단계로 정리한다. "글쓰기에 왕도는 없다. 빨리 쓰기도 필요하고, 독서 후 내 것으로 새기는 과정도 거치고, 사전을 찾고, 재빨리 단어와 문장을 매만지는 수고를 가쁜히 감수해야만 전문 검객으로 재탄생"한다는 것이다.

　마지막으로 솎아내기를 활쏘기에 비유하는데, "주제가 흔들리는 시행착오를 줄이고 수없이 다듬어야 읽을 만한 글 한 편이 완성된다"는 것이다. '신의 경지'란 어구는 솎아내기의 중요성을 극대화하는 말이다. 여기에 반성적 성찰을 더해 수필의 특성과 매력을 얹었다. '내 경우'로 시작되는 부분이다. 퇴고 과정을 고통스럽게 생각했고, 사유를 정리하는 과정을 소홀하게 여겼고, 글을 완성하려는 열정은 과하지만 성숙하게 다듬어야 할 시간을 권태로 여겼다는 그녀의 아픈 고백이 문장에 파란을 일으키면서 남정언의 수필론은 정언명제의 화살이 되어 수필시학을 정확히 관통한다.

　문장에 파란이 없으면 여인에게 곡선이 없는 것과 같다. 수필은 담론층에서 주제를 잘 마무리해야 되는 글이다. 그녀는 결말부에 가서 수필을 '총, 칼, 활'에 빗대어 그 핵심을 잘 파악한 지금을 열정과 권태를 성숙시킬 수 있는 '기막힌 순간'으로 의미화함으로써 글쓰기에 대한 사무치는 그리움을 잘 녹여내었다.

＊「데일리 한국」 2024년 10월 14일 「평론가가 뽑은 좋은 수필-32」 중에서

역사, 문학으로 다시 만나다
− 남정언의 「살아남은 사람 모두 곡을 하다」

진연후(수필가)

 역사적 사건에 대한 문학적 기록은 장르의 변형을 어디까지 확장해 갈까? 그리고 역사와 문학은 어떻게 어우러질 수 있을까? 『수필과 비평』 4월호에서 남정언의 「살아남은 사람 모두 곡을 하다」를 읽으며 운문과 산문, 과거와 현재의 통합을 본다.
 "시는 방대한 사료로 구성한 어떤 역사물보다 생생한 기록으로 인식된다"는 문장에 역사와 문학의 연결고리가 궁금해지고, 글을 읽은 후엔 본문에 등장한 한시를 검색하게 된다. 눈으로 재빠르게 한 번, 입으로 소리 내어 천천히 한 번, 번갈아가며 읽고는 눈시울이 뜨거워진다. 한시 한 편으로 몇백 년 전 상황을 세세히 그려내고 공감하는 것으로 백성들의 아픔을 위로하는 시이다.
 작가는 이안눌의 한시 「사월 십오일」을 읽고 부산에 있는 특별한 역사관인 '동래읍성 임진왜란 역사관'을 떠올린다. 그곳에 있는 그림 「동래부 순절도」를 보며 「사월 십오일」에 있었던 잔혹한 상황을 짐작하기도 한다. 송상현 동래 부사가 "싸워 죽기는 쉬우나 길을 빌려주기는 어렵다."라며 항복을 거절하는 팻말과 왜군에게 목숨을 잃으면서 저항하는 백성들의 묘사에 소름이 돋는다는 작가의 느낌이 독자에게까지 생생하게 전해진다.

> 역사의 비극은 가문의 멸망과 함께 개인의 비극을 동반한다. 동래 부사는 목민관으로서 백성들의 쓰린 마음을 함께 하며 그날의 슬픔을 기록하지 않을 수 없었을 것이다. 『동악집』에 실린 「사월 십오일」에서 "형제나 자매나 따질 것 없이 살아남은 사람은 모두 곡을 하지요, 이맛살 찡그리며 듣다못해 눈물이 주르르 흘러내리네"라는 구절을 쓴 시인의 심장은 갈기갈기 찢어졌을 것이다. 왜적에게 길을 빌려주지 않아 살아남은 사람 모두가 곡을 하게 되고 하늘도 울고 땅도 울게 만든 참상이다. 세월이 흘렀지만 그 비통함은 문학작품이 되어 후세에 전해지고 마치 지금도 눈앞에 펼쳐진 일인 듯 여전히 우리는 비분강개한다.
> - 남정언의 「살아남은 사람 모두 곡을 하다」 중에서

정조대왕이 샘물이 콸콸 솟아 일시에 천 리까지 쏟아져 횡으로나 종으로나 스스로 문장을 이룬다고 높이 평가하였다는 동악 이안눌의 한시를 읽으며, "형제이든 자매이든 누구나 할 것 없이

살아 있는 이들이면 모두가 곡을 하는데 온 가족이 몰살되어 곡할 이도 없는 집이 허다하다"는 구절에선 가슴이 먹먹해진다.

과거와 현재를 이어 미래를 예측할 수 있는 역사를 통해 기록문학의 진정한 가치를 깨닫는다. 이제 우리는 울지 말고 살아남은 사람 모두를 보듬으며 살아가야 하겠다는 작가의 마지막 다짐은 과거의 이야기로 그치지 않고 지금도 그 간절함에 동의하고 공감하게 된다.

선조들의 삶은 역사가 되고 그 역사를 문학으로 남기고 다시 문학에서 역사를 보여주는 작품을 만난 독자는 무엇을 느끼게 될까? 지금 우리의 삶을 어떤 역사로 남기고 싶을지, 어떤 방식으로 전할 수 있을지 함께 나누고 싶어지는 시간이다.

*『한국산문』 2024년 8월(220호) 이달의 수필 읽기 중에서

창작과 이해의 키워드
– 남정언의 「화지사 가는 길」

유한근(디지털서울문화예술대학교 교수, 문학평론가)

하나의 집필 노하우라 말할 수는 없지만, 나는 어떤 장르의 글이든 키워드가 잡히면 술술 풀린다. 나에게만 해당되는 일은 아닐 것이다. 많은 작가들도 그러할 것이다. 키워드의 사전적 의미는 ① 주된 사상·주제를 나타내는 핵심어, ② 컴퓨터에서 정보를 찾거나 지시사항을 입력하는 키워드 즉 '열쇠가 되는 언어'이다. 문학에서의 차용 의미도 다르지 않다. 문학작품에게 있어서 키워드는 모티브(창작 계기) 혹은 모티프(화소 혹은 주제)가 되기 십상이기 때문이다.

특히 오독의 가능성이 많은 작품의 경우에는 그 작품의 키워드를 탐색하는 일은 유익하다. 난해한 작품, 혹은 구조가 입체적으로 은유나 상징구조가 강한 작품의 경우에는 더욱 그러하다.

이를 전제로 하고 남정언의 「화지사 가는 길」의 키워드는 '길'이다. 화지사로 올라가는 길이겠지만 인생의 길이기도 하다. 이를 입증하는 것으로 작가는 이 수필의 서두에서 사십 년 전의 화지사 길을 소환한다. "사십 년 전 여름에도 태풍이 왔고 폭우가 쏟아졌다. 나는 어머니와 새벽기도를 나섰다가 물이 불어난 화지사 계곡을 건너지 못했다. 어쩔 수 없이 집으로 되돌아가는데 산길에서 미끄러졌다. 웅장한 물소리에 거부할 수 없는 힘에 눌린 패배의 하루로 남은 기억이다. 스무 살 꽃다운 청춘이었던 나는 누군가의 슬픈 영혼이 내 몸에 들어와 울다 지친 듯 나만의 아픔을 새기며 견디고 있었다."가 그것이다. 그로 인해 작가는 몸이 아팠고 심지어는 굿까지 했으며 경제적으로 어려웠던 시절을 토로한다.

새벽기도를 다녔다. 어머니와 함께 어둑한 새벽에 집을 나선다. 도로에는 어쩌다 지나가는 한두 대 자동차뿐이었다. 인적 없는 길을 십여 분 걷다가 절 입구에 들어서는데 해 뜨기 전 그림자로 보이는 뒤엉킨 잡목 숲이 무서웠다. 좁은 산길을 걸을 때 일찍 일어난 새들의 소란한 소리를 들으면 일부러 내가 새의 단잠을 깨운 것 같아 미안한 마음이 들기도 했다.
내 인생은 한 치 앞을 볼 수 없었다. 세상살이에 질려 보이지 않는 운명의 힘에 끌려다니면서 건강 회복을 위한 희망은 가질 수 없었다. 몸 상태는 심란하여 눈물보다 한숨이 먼저 나와 두 입술을 깨물었다. 무조건 기도를 올리겠다는 간절한 마음이었다.

대웅전 가는 길은 외길이다. 어머니를 따라 걸었다. 구구구 우는 산비둘기 소리가 무섭고, 바람에 나부끼는 댓잎 소리에 깜짝 놀라 순간 얼음이 되었던 내가 믿을 사람은 오직 어머니였다.

깨끗한 무화과 몇 알을 불전에 올리고 절하는 법을 배운 날, 부처님 전에 엎드려 원망을 늘어놓으며 소리 없이 울었다. 어머니께 왜 나를 낳았냐고 따져 물었던 불효가 극에 달했던 과거를 용서해 달라고 참회했다. 그러다가 천일기도를 올리겠다는 결심을 하게 되었을 때 나는 온전히 건강해지고 싶었다. 매일 부처님 앞에서 도와달라고 살려달라고 떼를 썼다.

- 남정언의 「화지사 가는 길」 중에서

위의 인용문처럼 작가는 40년 전의 화지사로 가는 길을 배경으로 법당 불상에게 원망과 기도, 참회와 기원을 감성적으로 진솔하게 토로한다. 그런 뒤 40년이 지난 지금의 화지사를 다시 찾는다. "훌쩍 사십 년이 지났다. 화지사를 찾아간다. 생각해 보니 화지사에 다시 갈 수 있는 이유는 두 사람의 기도가 통했던 것이리라"고 생각한다. 화지사로 가는 길에서 작가는 "과거 새벽기도를 다니면서도 보지 못했던 배롱나무"를 발견한다. "팔백 년 동안 문중 선산을 지켰다는 배롱나무는 무덤을 지키는 호위무사 같았다. 백 일 동안 붉게 핀다는 목백일홍을 왜 나는 이제야 보게 되었을까? 그때 보지 못했던 나무를 찬찬히 살펴보았다. 내가 생각하는 배롱나무는 세상 풍파를 겪고 껍데기는 모두 버린 속살만 남은 나무였다. 자식의 목숨을 지키려 애간장이 타는 어머니같이 겉치장할 여유조차 없는 나무였다. 가식 없는 맨살로 자식의 고난을 막아내려 기도를 올린 어머니의 소원이 꽃을 피운 모습이었다. 배롱나무는 땅 밑 깊이 뿌리를 내리고 단단한 마음으로 조상을 기리고 자손들의 부귀영화를 기원하는 뜻을 가진 나무였다. 다만, 어머니와 나는 삼년 동안 무덤 쪽 길을 모르고 좁은 외길로 다녔기 때문에 미처 보지 못한 나무였"음을 알게 된다. 그리고 "홀로 걷다 멈칫 개미가 오르내리는 돌담벼락"의 개미를 보고, 작가는 "어머니가 이어준 사랑의 끈을 놓지 않은 덕분에 살아왔으니 그 얼마나 고마운 일인가"도 깨닫게 된다.

 작은 돈오돈수인 셈이다. 그리고 화지사로 가는 길. "녹음 짙은 산길을 여유 부리며 걷는다. 대나무 편백 소나무가 울창한 숲에 정적을 깨트리는 소리. 드문드문 까마귀와 까치, 휘파람새, 계곡의 물소리는 생명이 살아있다고 알리는 따뜻한 노랫소리다. 숲 사이 들어온 직선 빛과 편백의 은은한 그늘이 만들어낸 순수한 공간을 지나 수련 연못"그 앞에 서서 "초파일 연꽃등이 굳건하게 달려있는 소담한 화지사"를 바라본다. 그리고 "산신각에서 기도하시는 어머니가 나를 반긴다."로 작가는 이 수필을 마무리한다. 이렇듯 이 수필의 키워드인 '길'은 화지사로 들어가는 길이지만, 작가의 40여 년 전의 길이기도 하고, 기원의 배롱나무를 만나게 해주는 길이며, 생명의 길이고 깨달음의 길임을 이 수필은 보여준다. 곧 키워드가 글감이고 주제이고 작가가 말하고자 하는 소통의 통로이기도 한 셈이다.

이렇게 수필 키워드를 핵심적으로 짧게 살펴보면서, 하나의 키워드가 수필을 이해하고 창작하는 데 중요한 모티브가 되어 준다는 사실을 알게 되었다. 이는 굳이 미국의 신비평을 끌어오지 않아도 언어에 대한 인식이 얼마나 중요함을 우리는 다시 환기하게 된다는 점에서 간과할 수 없다.

* 『수필과비평』 2023년 11월(265호) 월평 중에서

챗GPT가 이달의 평을 쓴다면
– 남정언의 「진묘수」

박영란(수필가)

Ⅰ.

 챗GPT가『문학도시』이달의 평을 쓴다면…. 결코 허무맹랑한 기대는 아닐 것이다. 마음만 먹으면 AI가 재미있는 소설을 거뜬히 써내고, 위대한 그림들을 조합해 최고의 명화를 만들어낸다. 마침내는 죽자 살자 공부해서 얻을 수 있는 시험의 결과를 한 방에 해낸다. 그리고 면접관이 되어 면접을 하는 상호대화가 가능한 챗GPT가 등장한 마당에 서른 안팎의 수필쯤이야 나름 공정하고 정확한 평을 쓰지 않을까. 사사로움에 끌리지 않고 식상한 논법이 아닌 뭔가 새로운 시선을 보여줄지도 모른다.
 AI가 가지고 있는 '수필'에 대한 모든 정보와 정의가 집약된 '챗평'을 볼 수 있다면 정말 한번 보고 싶다. 우리 수필의 수준과 정수精髓는 어떤 것인지. 그 객관성과 보편성 그리고 문학성으로 정리된 눈높이를 알고 싶다. 그리고 우리 '수필'이 가지고 있는 한계는 무엇이며, 무엇 때문에 문학 분야에서 아웃사이더가 되고 '읽히지' 않는 글이 되고 있는지, 그 문제점을 묻고 싶다.

그리고 머지않은 미래에 챗GPT가 쓴 수필이 난무하지 않을까. 수필이 자신의 생각이나 경험, 감정을 풀어 개인적 견해를 기반으로 쓴 글쓰기라면, 인공지능 역시 인간이 경험한 모든 정보를 토대로 맞춤식 글을 얼마든지 써낼 것이다. 수필가들의 비슷한 일상과 비슷한 생각과 비슷한 패턴의 수필을 챗GPT는 단박에 써내지 않을까. 비록 감동과 감성이 없는 메마른 글일망정 수필가의 책상에 앉아 '수필'과 고투를 치르는 것보다는 훨씬 합리적인 생산이 아닐까 싶다.

하지만 이런 자조에서 벗어난 것은 『문학도시』 241호에 실린 수필을 보면서, 인간의 생로병사와 희로애락은 결국 사람의 몫이며, 문학이 노래할 수밖에 없다는 인식이었다. 인문人文의 문文은 '가슴에 무늬를 그려 넣는' 일이라고 했듯이. 남정언의 「진묘수」를 통해 작가가 주제를 어떻게 천착해 갔는지에 관점을 두었다. 감정과 경험의 사유화를 넘어서 의무부여를 어떻게 했는지, 감동을 얼마나 확장해 나갔는지, 그 속에 담긴 공감이 무엇이었는지를 들여다보았다.

Ⅱ.

 '글이 살이 찐다'라는 글귀를 어디에서 보았다. 이 말을 기억하는 건 '살이 찐다'는 의미가 이렇게도 확 달라질 수 있다는 깨달음 때문이었다. 몸이 아니라 영혼과 글이 살찐다면, 그 얼마나 환영할 일인가 하고 생각해 본 글귀였다.
 남정언의 「진묘수」를 읽으면서, 글의 뼈대가 커지고 그 속에 담긴 의미와 내용이 단단한 글이라는 느낌이었다. 힘이 있고 여유가 느껴지는 문장에서 작가는 글쓰기의 자유로움과 재미에 빠져 있는 듯 보인다. 부담 없이 주제를 툭 던져놓고 천천히 대상들과 합일되어 가는 과정이 여유롭다. 글이 살쪄가는 감흥이 좋았다. '과연 지킴이답다'라고 치고 나오는 첫 문장이 이 수필의 주제다. '지킴이'는 '진묘수'와 '오른 김장하' 그리고 '나'를 이어가는 맥이다. 천오백 년 세월이 넘도록 무령왕릉의 무덤을 수호해 온 작고 귀여운 상상의 동물 석수-진묘수. 그리고 평생 번 돈으로 나눔을 실천한 어른 김장하와 사이버 공간의 지킴이-나. 글의 흐름은 지하 세계와 현실 세계와 가상 세계가 독립된 이야기로 전개되지만, '지킴이'는 문장을 모아주는 중심어다.

지킴이는 어떤 곳을 지키고 있는 사람이자 집이나 마을, 공동 구역을 지켜주는 신이다. 무령왕릉을 지킨 진묘수가 어찌 무덤에만 있겠는가. 진묘수 같은 이가 우리 주변에도 있었다.

…중략…

지킴이의 모습은 다양하고 그 역할도 쉽지는 않다. 지하 세계의 진묘수와 현실 세계를 지켜준 어른이 있지만 나 역시 사이버공간에서 지킴이를 한 적이 있다.

- 남정언의 「진묘수」 중에서

  자칫 도식적인 구성이기는 하지만, 주제의 통일이 옴니버스식 형식을 성공시켰다. 수필의 본성이 언어와 경험과 상상이라면 남정언은 진묘수를 통해 사물을 관찰하고 묘사하고 상상할 수 있는 문장의 힘을 발휘하고 있다. 박물관이라는 장소에서 '진묘수'를 만난 것처럼 경험에서 나온 인식과 재해석할 수 있는 능력 때문이었다. 진묘수의 장황한 묘사 역시 경쾌히 읽히는 것은 대상에 대한 설명이 아니라 진지한 탐구와 애정이 있었기 때문이다. 그 집요한 시선이 김장하와 나로 이어지면서 '지킴이'라는 의미부여가 잘 구현되었다. 다양한 어휘와 진지한 천착이 있었기에 하나의 주제로 향하는 의미부여가 지루하지 않았다. 어휘력은 문장에서 다양한 변주를 일으키는 요소이므로, 언어의 용량을 키워야 하는 게 작가들의 몫이다.

Ⅲ.

　'수필은 나만의 발화법이다'라고 말한 수필가가 있다. 사실 수필가들은 무엇을 어떻게 터뜨릴까를 욕망하고 고민하는 자다. 자신이 경험한 고유한 것들을 함께 공감하고 공유하고 싶은 욕구가 바탕에 깔려있다. 말하고 싶은 것만큼 쓰고 싶은 의지 또한 강하다. 하여 AI는 능동적인 글을 쓸 수 없다. 개인의 경험과 감정 또한 없다. 글짓기에 대한 고민도, 어머니에 대한 그리움도, 딸의 밥을 차리겠다는 눈물겨운 의지도, 지킴이의 의미도 찾아내지 못한다. 어쩌면 이미지를 극대화하는 시와 허구로 구축된 소설은 인공지능으로도 문학성을 획득 가능한 장르가 아닐까 생각한다. 하지만 뭐든 물으면 순식간에 작문을 해 주는 AI의 등장으로 글짓기는 무슨 의미가 있을까. 논평이니 촌평이니 하는 평 자체도 참 공허한 일이다. 바야흐로 챗GPT와 상생하고 경쟁해야 하는 것은 피할 수 없는 현실이 되었다. 과연 수필이 연명하고 관심을 받기 위한 모색은 무엇이어야 할까, 그런 생각이 드는 요즘이다. 인공지능이 매 순간 지식을 축적하고 있는 마당에 천 년 전에 구양수가 말한 많이 읽고, 많이 쓰고, 많이 생각하는 것은 너무 구태의연한 답일까.

*『문학도시』 2023년 5월(242호) 이달의 평 중에서